LAS VIDAS SUCESIVAS

MEMORIA PRESENTADA AL CONGRESO ESPIRITISTA
INTERNACIONAL DE LONDRES

GABRIEL DELANNE

TRADUCCIÓN
VICTOR MELCIOR Y FARRÉ
PRÓLOGO
QUINTIN LÓPEZ GÓMEZ

FV ÉDITIONS

ÍNDICE

Dos Palabras — 5
1. Memoria sobre las vidas sucesivas — 10
2. El alma humana — 19
3. Desdoblamiento del ser humano — 25
4. Existencia del alma y del periespíritu después de la muerte — 36
5. El ser humano — 49
6. La evolución anímica — 67
7. Paso del principio inteligente por la hilera animal — 75
8. La Reencarnación Humana — 89
Conclusión — 104

DOS PALABRAS

Se avecinan los tiempos en que como dijo Galileo, «nada hay oculto que no deba ser sabido;» tenemos de ello las primeras señales, mejor dicho, han pasado ya las primeras señales, y vamos a presenciar el majestuoso desfile de las comprobaciones axiomáticas.

Volviendo la vista atrás, se ve fulgurar en el albor de las edades una casi imperceptible estrella que guiaba a los hombres al conocimiento de su ser y su destino, y que les hacía presagiar una vida eterna, un eterno desenvolvimiento para su ego, que a pesar de ser pobre en desenvolvimientos, le reconocían capaz para mayores empresas. Ese presagio, esa esperanza fortificante se tradujo pronto en lo mental en la inducción filosófica del más allá, que según los tiempos y los pueblos, fue poco a poco depositándose, o bien quedó estacionada en las mismas caóticas lobregueces de sus primeros inductores.

No tenemos por qué ocuparnos de los infiernos y paraísos de todas las religiones, ni tenemos tampoco por que sacar a colación las metempsícosis presentadas y sostenidas por diferentes filósofos. Basta a nuestro intento, en consonancia con el del autor de las páginas que siguen, dejar sentado que la historia nos revela que la idea de la inmortalidad y de las vidas sucesivas, ha sido acatada en todo tiempo y ha tenido siempre muchos, decididos y esclarecidos patrocinadores.

Esto ya es algo, ya es mucho; pero no es lo suficiente para sentar sobre ello ningún principio con carácter de axiomático. Peculiar es en los genios anticiparse al progreso de su siglo, y predecir, por una especie de visión profética, lo que sólo encarna en la realidad después de transcurridas bastantes generaciones. De ello tenemos innumerables testimonios en la cronología de todos los inventos y descubrimientos, y esto obliga a la razón a rendir parias al talento.

Pero es muy fácil confundir los chispazos del ingenio con los ensueños de la imaginación, la visión profética a que hace poco nos referíamos con el entusiasmo prematuro desprovisto de toda base. Así se explica la preponderancia que adquirió la imaginación sobre la razón de nuestros antecesores de algunos siglos atrás, y así se explica que el positivismo de nuestro siglo, escueto, descarnado, casi anatómico, saliendo por los fueros de la razón, no admita nada, absolutamente nada, que no tenga una comprobación tan real, tan positiva como el 2 + 2 matemático. Los grandes abusos imponen absolutas continencias.

Quedaron, pues, al laborar nuestra centuria y por la legítimas exigencias del positivismo, descartadas casi por completo las ideas de la existencia del alma, su inmortalidad y su desenvolvimiento progresivo a lo infinito por virtud de las sucesivas vidas planetarias; y para recuperar lo perdido, y mejor aún para sentarlo sobre sólidas bases, fue preciso admitir la batalla en el mismo terreno que el positivismo la planteaba, y acudir al palenque armados de las mismas armas que esgrimía el adversario. Esto es lo que el Espiritismo hizo desde el primer momento; pero lo hizo de una manera algún tanto deficiente, algún tanto filosófica: había que prestar homenaje de credibilidad a voces y hechos que se suponían, provenientes de ultratumba, sin que nada atestiguase de una manera concluyente y positiva, que tales voces y tales hechos, eran en efecto emanados de un ser que hubiera traspasado los umbrales del sepulcro.

No había que pensar en argüir con toda la fuerza de la lógica respecto a la imposibilidad en que se hallaba el médium o instrumento para falsificar o provocar a su antojo los hechos ultranormales que se debatían; no había que pensar tampoco en hacer un llamamiento al buen sentido para que coordinando datos, haciendo deducciones precisas y comprobando testimonios, concluyera de una vez afirmando la supervivencia del alma: era condición precisa, indispensable, que el alma se presentara visible; tangible, con todos los caracteres de la personalidad, y que impresionara, no ya a la retina y al tacto de diez veinte o más personas, que éstas pudieran ser víctimas de la alucinación y de la fascinación, sino a la placa fotográfica, a la parafina, al timbre eléctrico y a la balanza de precisión, porque tales instrumentos no podían alucinarse ni fascinarse.

Y el alma se presentó; y el alma se materializó; y el alma dejó sus huellas en la arcilla, en la parafina y en el cliché de la cámara obscura; y el alma hizo vibrar timbres eléctricos, encendió y apagó luces, transportó y formó diversos objetos, acusó su peso en la balanza de precisión, hizo pasar la materia través de la materia...; y el alma, en fin, dijo quién era, de donde venía, en qué se ocupaba y qué esperaba en lo futuro.

¿Cómo? ¿Es posible que así, tan de plano, hayan quedado reducidos a polvo todos los conocimientos positivos? ¿Es posible que de nada hayan servido los conocimientos que aportaron los Haekel, los Compte, los Moleschot: los Broussais, los Woot, los Luys, todos los materialistas, todos los positivistas científicos? No, no es eso. El Espiritismo, que es a quien le cabe el alto honor de haber ganado la batalla empeñada entre espiritualistas y materialistas, no cree haber reducido a polvo los conocimientos científicos de sus adversarios; no cree tampoco poder modificar ni uno solo de esos conocimientos; cree, sí, haberlos interpretado mejor y haberlos comprobado más minuciosa, más taxativamente. Tanto es así, que se apoya en esas mismas razones, que usa esas mismas armas para vencer y anonadar a sus contrarios, no en los hechos, que éstos son ciertos e indiscutibles, sino en las consecuencias extraviadas que se dedujeron de esos hechos. Esto es lo que con la presentación y objetivación del alma considera haber conseguido.

Y que sus consideraciones son exactas, ciertas, irrefragables en lo que cabe, dan testimonio cumplido las páginas que presentamos. Delanne, con la pericia que le es propia, ha dejado a un lado el método sintético para ampararse exclusivamente del analítico, y presentando hechos, haciendo positivismo escueto, saca a flote lo que se propone, es a saber: la demostración experimental de la existencia y persistencia del espíritu, y su evolución progresiva mediante innúmeras reencarnaciones. Esto es lo que le hacía falta al animismo y esto es lo que ha conseguido ya. En adelante podrá recabar su personalidad propia donde quiera y como quiera: donde quiera, porque allí donde haya inteligencias, allí habrá una inflexible lógica para todo raciocinio, y esta lógica puede estar seguro de tenerla de su parte; y como quiera, porque la filosofía como la historia, la religión como los hechos positivos, contribuirán siempre de consuno a dar testimonio de su ser.

Felicitemos a quien tan acertadamente ha sabido llevar a cabo este trabajo, y procuremos que su divulgación sea lo más lata posible.

Quintín López

1
MEMORIA SOBRE LAS VIDAS SUCESIVAS

SEÑORES:

Permitidme que en nombre del Comité de Propaganda instituido por el Congreso de 1889, en nombre de la Sección Francesa de la Federación Espirita Universal, en nombre de la Federación Espirita Lionesa, y en nombre de la Unión Kardeciana Italiana que me han nombrado su delegado, permitidme, digo, que os salude en nombre de dichas sociedades y os manifieste su inalterable adhesión a la gran causa que reúne aquí a los representantes del mundo entero.

Después de los Congresos de Bruselas, de Barcelona y de París, el de Londres, afirma la vitalidad siempre creciente del Espiritismo. En este cincuentenario, es muy satisfactorio hacer constar, que la pequeña planta que brotó en Hydesville, se ha convertido en árbol gigantesco, cuyo abundante ramaje se extiende sobre todas las naciones.

No existe ejemplo en la historia de una ciencia religiosa cuyo crecimiento haya sido tan rápido y la difusión tan general, como lo ha sido el de ésta noble doctrina. Semejante éxito sin precedente, es debido a la fuerza de convicción que el hecho lleva en sí.

Este siglo, en el cual se han cumplido progresos increíbles en todos los ramos de la ciencia resaltará, sin embargo, en las edades sucesivas, por un gran descubrimiento: el de la demostración experimental de la existencia del alma y de su inmortalidad.

El genio humano ha producido maravillas. Las condiciones físicas, de la existencia se han mejorado más allá de las esperanzas más optimistas, y a pesar de este cambio, un hondo malestar agita a los pueblos modernos. Es que nuestra época se halla profundamente trastornada por la desaparición gradual de las antiguas creencias, que con su rancio aparato de milagros, dogmas y misterios vacilan bajo los redoblados golpes de la ciencia.

Los descubrimientos científicos realizados a partir de Galileo, han modificado singularmente nuestras concepciones acerca del universo, ensanchando los horizontes. Nuestro pequeño globo ya no es el centro del mundo, sino que es un modesto asteroide dentro de la innumerable multitud de tierras del cielo; y sentimos palpitar en el infinito la vida universal de la que creíamos candorosamente poseer el monopolio.

A estos conocimientos positivos corresponde un nuevo ideal que no puede satisfacer una vieja religión de diecinueve siglos. De este divorcio entre la ciencia y la fe, resulta la incredulidad. Nos es preciso reaccionar contra las engañosas quimeras del materialismo; demostrar que en las enseñanzas religiosas no era falso todo; que el hombre, por medio de una profunda intuición, ha conocido en todo tiempo su verdadera naturaleza inmortal y ha oído repercutir en su conciencia el eco más o menos debilitado de los eternos principios de justicia, de caridad y de amor, que velados algunas veces, desfigurados frecuentemente, han sido, sin embargo, sus guías tutelares. La providencia ha enviado misioneros a todas las naciones para predicar la moral eterna. Confucio, Buda, Zoroastro, Jesús, son las grandes voces que han enseñado una doctrina semejante, aunque bajo aspectos diversos.

Rejuvenezcamos los viejos símbolos; mostremos que han sido adulterados por el moho de las edades, desfigurados por los intereses terrestres; pero que, en el fondo, son la misma verdad, el único camino que conduce a la dicha.

Es en vano que se intente hacer tabla rasa del pasado: nada puede edificarse con base sólida que no esté apoyado sobre la inmortalidad.

El conocimiento preciso de la ley moral teniendo por sanción la vida futura, es lo único capaz de refrenar eficazmente los vicios, y pasiones. Existe una higiene del alma tan indispensable a su bienestar, como lo son las prescripciones de la ciencia para el cuerpo físico. Tan pronto como uno se separa de sus reglas, experimenta el malestar y el sufrimiento.

El materialismo contemporáneo ha ensayado promulgar una moral basada simplemente en las relaciones de los nombres entre sí, es decir, sobre la utilidad; pero semejante tentativa es quimérica.

La solidaridad es una palabra vacía de sentido para el egoísta. ¿Cómo hacer comprender al que es rico y dichoso, que deba prestar auxilio al pobre, enfermo y desvalido? ¿Qué le importan sus sufrimientos, que él no siente? ¿Se privará de algo que le pertenece, para proporcionarlo a un desconocido? Mucho hará si se limita en no hacer daño a nadie. El azar le ha favorecido, y se aprovecha de ello; pues la vida es corta y conviene gozar todo lo posible antes de la disolución final.

Este razonamiento, consciente o no, es el de todo materialista convencido. En la masa general de los trabajadores se traduce por un odio siempre creciente contra la injusticia de la suerte, contra los privilegios; y en las almas tiernas y débiles, por un disgusto de la vida, al cual es debido la espantosa recrudescencia de suicidas que se observa en la fecha actual.

Nuestra doctrina aporta el remedio a semejantes males; es el bálsamo consolador que cicatriza todas las heridas, al propio tiempo que explica el enigma de la vida. Por lo mismo, precisa que sea mucho más conocida para que haga florecer la esperanza en los corazones lacerados, puesto que es una salvaguardia contra los terribles cataclismos de las guerras intestinas. Nuestros brillantes éxitos no deben hacernos olvidar que todavía somos una ínfima minoría, y que existen millones de almas sujetas a todos los sufrimientos de la duda.

Hagamos una propaganda activa para llevar al conocimiento del público las convincentes pruebas que demuestren la futilidad de las teorías neantistas. Hoy poseemos armas suficientes para combatir con la seguridad de obtener el triunfo final. El pasado responde del porvenir.

El Espiritismo se ha desarrollado bajo los cruzados fuegos de las burlas, de los sarcasmos, de las injurias y de la calumnia.

Las manifestaciones espirituales fueron en su principio consideradas como supercherías, y las revelaciones de los espíritus tratadas de divagaciones. Semejantes apreciaciones abaten todas las reformas en su cuna: es la incubación dolorosa, pero necesaria, que da el bautismo a los grandes movimientos filosóficos. Los primeros estadios han pasado ya, y la situación se ha modificado profundamente a partir de veinticinco años atrás. En todas las partes del mundo han aparecido investigadores científicos que van realizado observaciones largas, minuciosas y precisas.

Muchos debutantes que sentían repulsión hacia el Espiritismo, acabaron por convertirse, y actualmente contamos por centenares los testimonios que emanan de las más altas autoridades del mundo sabio.

Siento verdadera satisfacción al ser intérprete de los espiritistas franceses e italianos y poder afirmar la admiración sincera que profesan hacia los ilustres hombres que han tenido el valor de proclamar la verdad.

Los nombres de Alfredo Russel Wallace y Williams Crookes, están escritos en el panteón de la ciencia contemporánea por haber sabido conquistar los primeros lugares en el areópago de los sabios; pero su gloria será todavía más realzada por la dignidad de su carácter y la nobleza de su actitud, que les ha convertido en los valientes campeones de la nueva ciencia. El brillo de estos grandes nombres no debe hacernos olvidar que, desde el origen, han tenido el Nuevo Mundo sus apóstoles convencidos.

No puedo hacer una enumeración, que sería fatalmente incompleta y por consiguiente injusta para los olvidados; pero no es posible pasar en silencio los nombres de Roberto Hare Mapes, del juez Edmons, y de Roberto Dalo-Owen, cuyos trabajos han conquistado tantos adeptos a nuestras ideas. También sería ingratitud no mencionar entre los obreros de la primera hora a los Barkas, Morgail, Varley y Stainton Moses; cuyas investigaciones nos han servido mucho, tanto en nuestros estudios, como en las polémicas que hemos sostenido contra nuestros adversarios.

La Europa no ha sido extraña a este gran movimiento. En Alemania, el astrónomo Zoëllner y los catedráticos Weber, Schréibuer, Fechuer y Ubrici, han afirmado categóricamente los hechos. Aksakof, en Rusia, combate con valentía por la defensa del Espiritismo. Italia ha tenido: desde los primeros tiempos, adeptos fervientes, y cuenta actualmente entre los militantes, al capitán Volpi, al catedrático Falcomer, y entre el número de los convencidos de la realidad de las manifestaciones; a los célebres Lombroso y Schiapparelli. En España los espiritistas son legión, y el profesor Otero, antes materialista enragé; según su expresión, tuvo que rendir armas ante la evidencia. En los países que se habla la lengua francesa, la escuela espiritista cuenta escritores como León Denis, Chaigneau, Metzger, Gardy, Bouvery, Grendel, Doctor Moutin, Dr. Chazerain, Dr. Dupouy y Dr. Dusart.

Camilo Flammarion, el Dr. Gibier, el Dr. Carlos Richet y el coronel de Rochas, aunque en terreno inmediato al nuestro, batallan contra la ignorancia y el prejuicio. Mas antes de los distinguidos hombres que acabamos de citar, brilló en Francia un hombre ilustre, cuya obra, por él realizada, ha tenido preponderante importancia en el país de raza latina; este hombre es Allan Kardec.

Pensador profundo, sabio y erudito, Allan Kardec estudió, a partir del año 1855, los fenómenos del Espiritismo. Su espíritu sagaz no tardó mucho en descubrir el lado positivo de las manifestaciones que permitían entrar en relación con las almas que nos han precedido en la vida de ultratumba; comprendió el inmenso alcance de este hecho, y después de dos años de estudios, publicó — *El Libro de los Espíritus*—, que tuvo un éxito considerable. A este libro le sucedieron — *El Libro de los Médiums*—, —*El Cielo y el Infie-*

ro—, —*El Evangelio según el Espiritismo*— y — *La Génesis*—, en cuyos volúmenes se expone con claridad y lógica la doctrina que ha sido adoptada por la mayoría de los adeptos. Semejante enseñanza no es enteramente obra suya, puesto que declara que su papel se ha limitado a reunir y coordinar los datos que le proporcionaron diversos centros de estudio. Sin embargo, se comprende lo arduo de la tarea para separar la cizaña del buen grano.

Vosotros, señores, sabéis muy bien cuán variables son en su cualidad las informaciones que recibimos por el canal de los médiums, y cuán necesario es hacerlas pasar por el tamiz de la razón, distinguiendo las ideas sistemáticas individuales y aisladas, de las que reciben la sanción general de los espíritus, las utopías de las ideas prácticas; suprimiendo las que son notoriamente desmentidas por los datos de la ciencia positiva y de la sana lógica y utilizando las enseñanzas suministradas aun por los espíritus inferiores, todo con objeto de conocer el mundo invisible y formar con dichos conocimientos un todo homogéneo.

Esta gran tarea la realizó magistralmente Allan Kardec, y su nombre, venerado ya en varios puntos del globo, lo será mucho más en el día de mañana, cuando se habrá comprendido todo el alcance filosófico de su enseñanza. Para probar el alcance de su previsión, sólo citaré lo que dijo a propósito de la marcha evolutiva del Espiritismo, y eso os demostrará que se hallaba muy lejos de formular un credo infalible, reconociendo como el primero que en su época se sentaron únicamente las premisas de una ciencia infinitamente vasta, ya que tiene por objeto hacernos conocer nuestros orígenes y nuestros fines.

He aquí de qué manera se expresó al tratar del porvenir del Espiritismo:

«El Espiritismo no sienta como principio absoluto más que aquello que está demostrado con evidencia, o que resulta lógicamente de la observación. Tocando a todas las ramas de la economía social, a las que presta el apoyo de sus propios descubrimientos, Se asimilará todas las doctrinas progresivas de cualquier orden que sean, tan pronto como salidas del dominio de la utopía, hayan llegado al estado de verdades prácticas, puesto que no haciéndolo así, se suicidaría. Dejando de ser lo que es, mentiría su origen y su fin providencial.

Marchando el Espiritismo con el progreso, jamás se desbordará, porque si nuevos descubrimientos le enseñan, que se halla en un error respecto a un punto, se modificará en este punto; y si un nuevo descubrimiento aparece, lo aceptará.»

Refiriéndome, pues, a este método y a estos sabios consejos, voy a estudiar una teoría que puede apoyarse sólidamente sobre hechos bien establecidos por la experimentación, y que encuentra en la hipótesis de la evolución un apoyo firme. Me refiero a las vidas sucesivas.

No ignoro que semejante cuestión ha sido muy controvertida y que por ella se han dividido los, espiritistas en dos campos; aunque mirando con atención las cosas, las divergencias de escuela no son fundamentales.

Los espiritistas latinos admiten que el espíritu puede vivir en el espacio, o reencarnarse en otros mundos tan pronto como ha depurado suficientemente su naturaleza para merecer este progreso; mas los espiritistas anglosajones creen en una progresión inmediata, no admitiendo el regreso a la Tierra.

Como el Espiritismo no tiene culto, ni dogma, ni ortodoxia, permite siempre la libre discusión; que constituye su fuerza soberana, y siendo la reencarnación creencia adoptada por algunos millones de adeptos, ha parecido urgente a los espiritistas que represento, llamar la atención del Congreso acerca de este punto tan importante.

2
EL ALMA HUMANA

Es útil, por otra parte; fijar la idea sobre la manera cómo se debe considerar al alma, pues según que se haga de ella una entidad ideal ajena al tiempo y al espacio, o bien un ser dependiente en cierto modo de estas condiciones, las consecuencias prácticas que habremos de sacar será del todo diferente.

No creáis señores, que mi intención sea entregarme a discusiones metafísicas, porque esto sería haceros perder un tiempo precioso; deseo tan sólo atenerme a la observación de los hechos, y a las deducciones inmediatas que de ellos dimanan.

El Espiritismo, bajo el punto de vista fenomenal, es la psicología experimental en su integridad, puesto que abraza el estudio del alma durante la vida y después de la muerte.

Todos los fenómenos de magnetismo, hipnotismo, y psico—fisiología, vienen comprendidos en una explicación general, muy sencilla y racional si se quiere tener en cuenta los elementos nuevos que nos suministra la experimentación espírita. Un severo método crítico es indispensable para deducir la enseñanza que se desprende de los hechos, y aunque tomemos en cuenta los nuevos descubrimientos de la ciencia, debemos ponernos en guardia contra las opiniones personales de los experimentadores, que son, las más de las veces, preconcebidas.

Las investigaciones experimentales de los psicólogos contemporáneos no han podido desvirtuar la unidad del alma proclamada por la antigua filosofía. Todas esas palabras nuevas de desagregación mental, alteración de la personalidad, personaje sonambúlico inconsciente o subconsciente, etc., se aplican a fenómenos que tendrían por objeto demostrar que la unidad del yo es una ilusión; que el alma no tiene existencia individual; que no es más que una agrupación de fenómenos unidos por la memoria, aunque distintos entre sí, y en cierto modo autónomos, de modo que pueden formar síntesis; que son conciencias secundarias independientes de la conciencia normal e ignorados de ella. Monsieur Ribot dice: «La unidad del yo, en el sentido psicológico de la palabra, es la cohesión durante un tiempo dado de un cierto número de estados de conciencia claros, y de una multitud de estados fisiológicos, que sin estar acompañados de conciencia como sus congéneres, obran al igual que ellos. Unidad quiere decir coordinación.» (*Les Maladies de la personnalité*).

Semejantes afirmaciones, que hacen del alma un agregado variable de conciencias diversas, sin unidad substancial, quedan destruidas por el hecho espírita.

El ser pensante, no es una resultante del organismo; puesto que persiste después de la desagregación del cuerpo, probando que sus facultades se han conservado intactas, por cuyo motivo se demuestra que eran independientes de la envoltura carnal. Mas,

¿de qué manera se nos puede revelar, careciendo de instrumentos para obrar sobre el mundo físico? Esta cuestión es muy seria, habiendo sido en gran parte la causa determinante de la incredulidad general con que ha sido juzgado el Espiritismo desde sus primeros pasos.

Sin embargo, los mismos espíritus se encargaron de contestar a la pregunta que acabamos de formular. Pretenden tener un cuerpo etéreo, tan real, a su manera, como lo es para nosotros el cuerpo físico. Esta envoltura del alma no es una idea nueva, toda vez que fue conocida en la antigüedad más remota. Es el Linga Sahrira de los hindúes, el cuerpo espiritual de San Pablo, el cuerpo aromal de Fourrier, el cuerpo astral de los ocultistas y el periespíritu de los espiritistas franceses.

Semejante cuerpo, ¿existe en realidad? Así parece perfectamente establecido por el testimonio de los espíritus, por la afirmación de los sonámbulos y de los médiums videntes, y por los fenómenos de la fotografía espírita y de los moldes de formas materializadas. Pero a algunos eminentes defensores de nuestras creencias, tales como los Sres. Wallace y Aksakof, les ha parecido que las fotografías y las materializaciones no constituían pruebas absolutas de que los espíritus posean en el espacio las formas con las cuales se nos presentan.

Semejante pensamiento viene expresado varias veces, en el libro titulado Animisme et Spiritisme que el sabio ruso ha publicado, consagrándolo a refutar la teoría del Dr. Hartmann. He aquí uno de sus párrafos (página 57); en el que expone claramente semejante opinión: «M. Lewes ha aconsejado al comité de la Sociedad Dialéctica encargado de ocuparse de la cuestión espírita, que procure distinguir cuidadosamente los hechos de las deducciones. Esto es particularmente necesario para las fotografías espíritas, pues aun cuando las formas humanas que aparecen en las placas no sean obra de la mano humana, pueden ser de origen espírita sin ser por esto las imágenes de los espíritus.

«Muchas cosas autorizan la suposición de que, en ciertos casos, semejantes imágenes resultan de la acción de seres inteligentes, invisibles y distintos. En otros casos, estos seres revisten una especie de materialidad perceptible por nuestros sentidos; pero por ello no puede deducirse que la imagen creada sea la verdadera imagen del ser espiritual. Y por último, las imágenes impresas pueden ser la reproducción de la antigua forma mortal con los atributos terrestres, a los cuales ha recurrido el espíritu para establecer su identidad».

Esta opinión, aunque opuesta a los resultados de la observación, es puramente filosófica. Descansa en la suposición de que existe en cada uno de nosotros un personaje sonambúlico dotado de una actividad que le es propia, pudiendo obrar sin que lo sepa nuestra conciencia normal, estando caracterizado por una memoria completa, por la percepción directa del pensamiento de otro, y por la clarividencia. Este ser, esta mónade sería la única que sobreviviría, no conservando la forma humana más que para manifestarse en el mundo fenomenal.

Más adelante trataré de demostrar que los fenómenos atribuidos a esta segunda individualidad, pertenecen al alma, y que se producen desde el momento que se relajan los lazos que unen el principio espiritual al cuerpo. Si semejantes fenómenos parecen extraños a la conciencia ordinaria, se debe a que están por fuera de la memoria normal, pero de ningún modo necesitan de la creación de un *yo superior*, huésped desconocido y más poderoso que nosotros.

El Espiritismo ha reivindicado desde un principio la demostración de la supervivencia del principio individual después de la muerte.

No es posible concebir un alma sin un cuerpo que la individualice, porque si así fuera, estaría en la imposibilidad de pensar, según el sentido que nosotros damos a esta palabra, y tampoco puede librarse de las condiciones de espacio y tiempo, sin que en el instante dejara de ser lo que es.

Si fuera esto posible, podríamos decir que se trataba de algo absolutamente incomprensible para nuestra razón. El estudio nos enseña de un modo incontestable, que existen leyes a las cuales se hallan sometidos todos los seres pensantes. Es, en virtud de dichas leyes, por lo que no podemos hallarnos presentes en diversos lugares a la vez, o franquear de, uno a otro espacio en un tiempo dado. Las sensaciones y los pensamientos están limitados en número durante ese mismo tiempo.

De ahí se sigue, que si podemos imaginar fácilmente que una inteligencia superior a la nuestra y sin embargo finita, esté sometida a condiciones muy diferentes después de la muerte, no podemos, sin embargo, concebir una inteligencia absolutamente libre de toda sujeción, es decir, de un cuerpo. Esta es, por otra parte, la opinión de M. Hartmann.

«Si se pudiera demostrar — dice — que el espíritu individual persiste después de la muerte, mi conclusión sería, que a pesar de la desagregación del cuerpo, la substancia del organismo persistía bajo una forma impalpable, pues con esta condición solamente puedo imaginarme la persistencia del espíritu individual.»

Esto es lo que opinan los espiritistas kardecianos, que ven en el periespíritu dicha forma impalpable.

No olvido que la cuestión por resolver, es la de las vidas sucesivas, pues la existencia de una envoltura fluídica indestructible, conservadora de la individualidad, es la base misma de esta teoría. Mas como los hechos deben ser nuestros guías más preciosos, abandonemos los argumentos filosóficos para descubrir la verdad por medio de otro método.

¿Poseemos actualmente documentos positivos y en suficiente número para resolver esta grave cuestión?

Mi convicción es de que los trabajos realizados desde hace 30 años por investigadores científicos, bien acreditados, permiten hacer pasar este problema, desde el terreno de la filosofía, al de la ciencia, y substituir a los conocimientos metafísicos los hechos ciertos.

Para apoyar mi manera de ver, creo necesario establecer:

1° *Que el alma humana se halla revestida, durante su paso por la, tierra, de una envoltura invisible llamada* periespíritu, *de peri alrededor y spíritus, de espíritu.*

2° *Que después de la muerte, esta envoltura no se destruye.*

3° *Que el estudio de las propiedades de este cuerpo espiritual, obliga a concluir que el alma preexiste al nacimiento.*

4° *Que únicamente sobre la tierra ha podido producirse esta evolución.*

3
DESDOBLAMIENTO DEL SER HUMANO

La ciencia oficial de nuestros días niega absolutamente la existencia individual del alma. Todos los razonamientos espiritualistas han sido impotentes para demostrar que el principio pensante tiene existencia real. Tan solo descuidando voluntariamente los hechos irrecusables es como los materialistas pueden llegar a la negación de la individualidad del alma. Si ésta es una función del cerebro (como dicen ellos), de ningún modo puede ser separada del organismo, del mismo modo que no se puede oír una voz sin aparato vocal destinado a producirla. Si se demostrara que el alma puede salir del cuerpo, entonces quedaría establecida su existencia independiente. Pues bien: el fenómeno, de desdoblamiento es no solamente posible, sino relativamente frecuente.

Las apariciones de vivos son debidas a una ley biológica, y han sido observadas en todo tiempo. La antigüedad y la edad media ofrecen muchos ejemplos. Tácito[1] relata que Vespasiano fue testigo de un hecho de este género en Alejandría. La Iglesia católica cita como milagros los casos de bicorporeidad de San Ambrosio, San Antonio de Padua, San Francisco Javier, Alfonso de Liborio, María de Ageda, etc. Los magnetizadores de principio de siglo conocían también esta posibilidad, según se atestigua en la correspondencia de Billot y Deleuze[2] y en el curso de magnetismo del barón du Potet[3]; Allan Kardec[4] consagra un capítulo del Libro de los Médiums a éstas manifestaciones, cuyos ejemplos numerosos se encuentran también en Kerner[5], Perty[6] y D'Assier[7].

Pero, a partir de la publicación de los notables trabajos de la Sociedad de Investigaciones Psíquicas de Londres, es cuando se han hecho absolutamente incontestables dichas manifestaciones.

Ya sabemos en qué consisten dichos fenómenos. Una persona, A, aparece a otra, B, de la cual se halla alejada. A y B están generalmente unidas por los lazos del parentesco o de la afección; se dice entonces que B ha experimentado una alucinación telepática viendo el fantasma de A. Esta aparición, no es fortuita, pues coincide frecuentemente con un acontecimiento importante, ocurrido en la vida de A, y en este caso, se dice que la alucinación es verídica. Existe un lazo causal entre la alucinación de B y el acontecimiento de A.

Ya sabéis, señores, así como yo, el minucioso cuidado con que los sabios han procedido en la investigación rigurosa de los hechos; por consiguiente, podemos depositar toda la confianza en los relatos que nos hacen y que vienen confirmados por minuciosos estudios. Vamos ahora a discutir el valor de la explicación que de dichos fenómenos se nos ha dado.

El término alucinación elegido por los autores de los Phantasms, indica claramente que en su opinión nos hallamos en presencia de fenómenos puramente psíquicos. El fantasma no es realmente perceptible por medio de la vista ordinaria, y sólo tiene existencia en el cerebro del sujeto.

Esta teoría, que se apoya en los hechos de transmisión del pensamiento y de alucinaciones provocadas por la sugestión sobre sujetos hipnotizados, no es suficientemente basta para abarcar todos los casos. En la obra publicada por aquella Sociedad y en los proceedings, se distinguen cierta categoría de observaciones que establecen la objetividad de la aparición, es decir, la presencia del fantasma en el espacio.

He aquí, según Rusell Wallace, los criterios que permiten hacer esta distinción. Una aparición es objetiva:

1 - Cuando existe simultaneidad de percepción del fantasma visible por dos o más personas.

2 - Cuando el fantasma es visto por varias personas, ocupando diferentes sitios y correspondiendo a un movimiento aparente, o bien cuando conserva una misma posición, a pesar de cambiar de sitio el observador.

3 - Cuando la aparición ejerce impresión sobre animales domésticos.

4 - Cuando la visión produce efectos físicos.

5 - Cuando los fantasmas, visibles o no, han podido ser fotografiados.

6 - Cuando puede obtenerse un molde de un miembro de la aparición.

Obligado a ser conciso, no citaré más que un ejemplo de cada clase, aunque podrían reunirse un gran número, según lo ha demostrado M. Aksakof en su libro Animisme et Spiritisme.

1° y 2° Simultaneidad de percepción del fantasma por muchas personas, con desplazamiento aparente. Número 348 de Los Fantasmas.

La Sra. Elgée y la Srta. Denys, en un viaje que hacían a la India, se detuvieron en el Cairo, y a causa de la afluencia de viajeros, se alojaron en un hotel poco concurrido. Una vez instaladas en su habitación, cerraron herméticamente la puerta; colocando para mayor precaución, junto a ella un baúl y un saco de noche. La Sra. Elgée se despertó de repente, teniendo el sentimiento vivo de que alguien la había llamado, y vio en la habitación, a la clara luz de la aurora; un antiguo amigo, el coronel L..., al cual dirigió las siguientes frases: «¡Dios mío! ¿cómo es que os encontráis vos aquí?»

La aparición se aproximó, señalando con el dedo a la Srta. Denys, sentada sobre su cama y mirando de esta forma con intensa expresión de terror. El fantasma sacudió la cabeza y se retiró lentamente, pareciendo hundirse en la puerta.

Por la mañana la Sra. Elgée nada dijo a su amiga, pero ésta espontáneamente le habló de la aparición, describiéndola exactamente tal como la había visto la Sra. Elgée.

La aparición era tan clara, que la Sra. Elgée pudo observar tres botones en onix que constantemente llevaba el coronel. Más tarde supo la señora Elgée, que, el día de la aparición, su antiguo amigo había pensado mucho en ella, deseando vivamente consultarla respecto a la aceptación de un puesto que se le ofrecía.

La hipótesis de una alucinación telepática debe descartarse aquí, toda vez que entre el coronel y la Srta. Denys no existía relación alguna. Dicha señorita, que se hallaba despierta a causa de los mosquitos, fue la primera en ver al fantasma. Las declaraciones, de ambos testigos concuerdan, tanto por lo que respecta a la descripción, como por los movimientos del fantasma; fue, por consiguiente, una aparición objetiva.

Señalamos la completa similitud entre el doble y el cuerpo físico, advirtiendo que la distancia en nada influye respecto a la producción del fenómeno. Po lo que acabamos de manifestar, se deduce que puesto que el doble es visible, es prueba que tiene una sustancialidad, una suerte de materia que le permite pasar a través de la materia y en parte librarse de las leyes de la gravitación.

3° La aparición produce una impresión sobre los animales domésticos. — Como acción probable de un vivo, puedo citar el caso de M. Garling (Phanfasmas, volúmen II, pág. 149). Dicho señor se encontraba de visita en una casa de campo aislada. Durante la noche oyeron sus moradores un fuerte y continuo ruido procedente de la puerta de la fachada, la que parecía temblar y vibrar bajó la acción de violentos golpes. El ruido despertó a los criados, que dormían a 60 pasos de distancia del lugar donde partía el ruido. A todo eso, un perro grande que se encontraba en la puerta de entrada, y otro perro conejera que se hallaba en el interior de la casa, apenas podían ladrar. Este último, realizando una acción contraria a sus hábitos, se esquivó temblando, escondiéndose debajo del sofá. Mister Garling tuvo durante el día la aparición del fantasma de uno de sus amigos que se encontraba gravemente enfermo, quien deseando ardientemente verle, pidió con insistencia que le enviaran un aviso. Aunque el autor del ruido no fue visto, puede creerse que fue el doble del amigo de M. Garling el que notaron los dos perros, demostrándolo por el miedo de que dieran pruebas. Hechos análogos ocurridos en diferentes ocasiones dan validez a semejantes hipótesis. (Wallace, *Defense du Moderne Spiritualisme*.)

4° Efectos físicos producidos por la aparición. — El Dr. Britten en su libro Man and his relations, cita el siguiente caso: Un caballero llamado Wilson y habitante en Toronto (Estados Unidos), se durmió en su despacho y soñó que se encontraba en Hamilton, población situada a cuarenta millas inglesas al oeste de Toronto. Hizo su recaudación y se fue a llamar a la puerta de una amiga suya llamada la señora D. Una criada fue a abrirle y le participó que la señora había salido; a pesar de ello el visitante entró, bebió un vaso de agua y se fue, no sin encargar antes a la criada que cumplimentase a la señora. Al despertar el Sr: Wilson se apercibió que había dormido 40 minutos.

Algunos días más tarde una señora llamada G. y que habitaba en Toronto, recibió una carta de la señora D., de Hamilton, en la cual ésta le decía que el Sr. Wilson había estado en su casa, había bebido un vaso de agua y se había marchado sin volver de nuevo, lo cual le había contrariado, pues tenía grandes deseos de verle. El Sr. Wilson, por su parte, afirmaba no haber estado en Hamillton desde hacía un mes; pero pensando en su sueño, rogó a la señora G. que escribiera a la señora D. suplicándole que nada hablara a los criados del incidente ocurrido, a fin de saber sí por azar lo reconocerían. Se dirige a Hamilton en unión de algunos amigos, y se presentó acompañado de ellos en casa de la señora D. Dos criadas reconocieron al Sr. Wilson como a la persona que bebió — el vaso de agua y dejó recuerdos para la dueña de la casa.

Este ejemplo demuestra un viaje cumplido por el alma durante el sueño, con recuerdo al despertar de los acontecimientos ocurridos durante este desprendimiento. Como se ve, el doble es tan material que puede llamar a una puerta, beber un vaso de agua y ser visto y reconocido por testigos. Es claro que aquí no se trata de telepatía, sino que es una completa bicorporeidad, y la aparición que anda habla y bebe, no puede ser una imagen mental, sino que es una verdadera materialización del alma de un vivo. Experimentalmente se ha llegado a resultados análogos. La Sra. de Morgan logró hacer golpear la puerta de su casa por un sujeto dormido, cuya alma produjo este efecto físico. El Sr. Desmond Fítzgerald (*Espiritualist*, Tomo I, página 97), cita el caso del magnetizador Lewis el cual envió a su casa al espíritu de una joven a quien dormía por primera vez, y le hizo describir lo que veía y tocar a una de las personas, que en aquel instante se hallaba presente en la casa. Una delegación de concurrentes observó la emoción profunda de que se hallaban presa los habitantes de la casa, pues un fantasma (decían) se les apareció, habiendo tocado a uno de ellos. Para cumplir todos estos actos, precisa que el alma tenga un cuerpo. ¿Es ella quien lo fabrica con un fin determinado? Nosotros no lo creemos así, y diremos por qué.

Si la envoltura etérea acompaña siempre al desprendimiento del alma, es porque ya existe en el cuerpo material. Semejante inducción es confirmada por la afirmación de los sensitivos mucho antes de que se hablara de Espiritismo, la Vidente de Prevost según el Dr. Kerner, declaraba ver en los amputados el miembro fluídico que les faltaba. Davis afirma en su libro *La grande harmonie*, haber visto al alma de una moribunda del modo como abandonaba su cuerpo, escapándose poco a poco de la cabeza y manifestando primeramente la forma de una nube luminosa que gradualmente fue adoptando la apariencia externa e interna del cuerpo físico.

Poseemos asimismo el testimonio de los observadores que han llegado al desdoblamiento, conservando el recuerdo de semejante anormal estado. Tal es el caso de un joven grabador citado por el Dr. Gibier en su libro *L'Analyse des Choses* (páginas 142 y siguientes). Dicho joven se sentía un cuerpo real, pero que su mano podía atravesar. Éste cuerpo no obraba sobre la materia, aunque la penetraba, y así se explica que tuviera la visión del departamento de su vecino en el cual jamás había penetrado, pudiendo al día siguiente, así que lo visitó, comprobar que no fue un sueño, sino que había visto con la mayor claridad todo cuanto allí había. El asombro que le causó semejante fenómeno, demostró que para nada había intervenido la voluntad en su producción.

Todas las sonámbulas lúcidas contestan y reconocen que después de desprenderse de su envoltura carnal, poseen siempre una forma vaporosa que les individualiza. Debemos advertir que estos sujetos sé hallan en el estado segundo, tal como el joven grabador, y que el yo sonambúlico es el que se da cuenta de tener la forma de su cuerpo. Y no es simplemente la personalidad externa con su conciencia normal, sino que es la individualidad integral quien tiene esta bicorporeidad. Si nos faltaran pruebas, podríamos apelar a los estudios realizados por el Conde de Rachas, Este señor ha puesto en evidencia el proceso de salida del alma, dándole el nombre de exteriorización de la sensibilidad. Ha demostrado que la envoltura del alma se exterioriza por capas concéntricas que irradian alrededor del cuerpo, y que son sensibles, siguiendo determinadas zonas. Cuando el fenómeno es completo, el doble que en este caso encierra la inteligencia y la sensibilidad, es completamente distinto de la parte material, inerte e insensible. En unión del Dr. Barlemond ha obtenido la fotografía simultánea del cuerpo y del doble de Nadard, momentáneamente separados[8].

5° Fotografía de apariciones de vivos. — Llegamos

a la prueba irrefutable de la objetividad del alma. Citaré algunos casos con objeto de demostrar que no son accidentales. Mr. Aksakof (Animisme et Spirit., pág. 78) dice que obtuvo el retrato del médium Hérod y de su doble. En la misma placa se ve al cuerpo dormido, y su doble sosteniéndose en pie, colocado de perfil y con la cabeza un poco inclinada hacia el sujeto. Otro caso de este género cita el juez Cartel en una carta que dirige al Banner of Light; el tercer caso lo refiere M. Glendiuniug. Recordaré asimismo que el capitán Volpi y un experimentador conocido de Mister Stead, han obtenido fotografías de fantasmas vivos. La que se refiere a este último caso fue muy interesante, pues la aparición se dejó cortar un mechón de cabellos y quebró una pantalla para afirmar su realidad (*Borderland*, Abril 1896, p. 175). El doctor Baraduc relata también las experiencias hechas por los señores Hasdeu e Istrati. La fotografía, del desdoblamiento de este último, operada voluntariamente, se encuentra en la obra *L'âme humaine, ses mouvements, ses lumières*, pág. 122.)

Estamos muy lejos de aceptar para estos casos la hipótesis telepática, máxime cuando se comprueba científicamente que estando inmovilizado el cuerpo de un médium, se muestra, no obstante, su doble con perfecta independencia. Durante un experimento realizado por William Crookes, Missster Cox ha comprobado que el doble de la señora Fay, médium, fue visto por los concurrentes, mientras su cuerpo físico estaba sujeto a una corriente eléctrica, que al mismo tiempo pasaba por un galvanómetro cuya aguja habría indicado el menor cambio de sitio, si hubiera tenido lugar[9].

6° Moldaje de un desdoblamiento. — El periespíritu es un modelo tan exacto del cuerpo, que reproduce con fidelidad completa todos los detalles. Es un hecho general y absoluto, que el doble es el alter ego del ser vivo. Esta semejanza no es como la de un dibujo más o menos grosero representando el cuerpo vivo, sino que es la copia fiel, exacta, anatómica. No se puede imaginar que el alma produzca voluntariamente este doble, pues sería preciso que poseyera una ciencia perfecta para imitar a la naturaleza. Un comité de investigaciones hizo en 1876 una experiencia decisiva tocante a este punto.

Bajo el título de Dédoublement du corps humain, el Spiritualist de 1876, se expresa así: «El molde en parafina de un pie derecho materializado obtenido en una sesión celebrada en Great Russel Street, 38, con el médium Eglinton, cuyo pie derecho estaba visible durante la experiencia para los observadores colocados fuera del gabinete, se comprobó después de un examen minucioso hecho por el doctor Carter Black, que era la reproducción exacta del pie del médium *Eglinton*.»

Hemos llegado a la prueba absoluta del desdoblamiento del ser humano. Fácil me seria demostrar que la acción extra-corporal del alma se ejerce asimismo intelectualmente por medio de mensajes. Me basta recordar los casos citados por Aksakof, que son los de Solowieff, de Sofía Swoboda, de Tomás Everitt, de Florencia Marryat, etc., y los hechos comunicados por el Juez Admonds, para estar seguros de que ninguna forma de la actividad del alma queda extraña al desdoblamiento.

Me parece, por consiguiente, que he demostrado que durante la vida, tiene el alma una corporeidad invisible, pero real, que reproduce anatómicamente la forma del cuerpo; cuando se exterioriza completamente, puede obrar más allá de los límites de su cuerpo y probar su realidad:

a) Por medio de efectos psíquicos, telepatía y transmisión de impresión a distancia.

b) Por fenómenos telecinésicos, acciones variadas sobre la materia.

c) Por fenómenos telefánicos, objetivación parcial de su sustancialidad, probada por medio de la fotografía. Y

d) Por fenómenos teleplásticos, objetivación parcial, y manifestaciones intelectuales.

La teoría espírita que enseña que el alma se halla siempre asociada a cierta sustancialidad, es la única que puede suministrar una explicación sencilla y racional de estos casos. Vamos ahora a demostrar que cuando la separación del alma y del cuerpo es definitiva, en lugar de ser momentánea, los mismos fenómenos son observables, de lo cual vendremos a deducir que el alma después de la muerte conserva, no solamente su individualidad y su personalidad terrestre, sino también la propiedad de organizar la materia.

---

1. Tácite. *Histoires*, libre IV chapitres 81 y 82. Traduction de Burnouf.
2. Billot. *Correspondance avec Deleuze sur le magnétisme animal.*-2 vol. ín 8°, t. I, pág. 137.
3. Du Potet. *Le traité complet de magnétisme animal.*- 10 lecon. Pág. 479.
4. Allan Kardec. *Livre des Mediums*. Pág. 142
5. Kerner, *La voyante de Prévorst*.
6. Perty, *Phénoménes mystiques*. Tome II.
7. D'Assier. *L' Humanité posthume*. Chapitre 2. 21
8. *Revue Spírite*, noviembre 1894.
9. *Spiritualist*, 1875, Tomo I p.151.

4
EXISTENCIA DEL ALMA Y DEL PERIESPÍRITU DESPUÉS DE LA MUERTE

Las apariciones de vivos y las de muertos, presentan una perfecta analogía en sus manifestaciones. El fantasma de un hombre es casi siempre idéntico al de un espíritu desencarnado, e imposible de distinguir por los caracteres físicos solamente; esta identidad demuestra con certeza la continuidad de la acción anímica, sea sobre la tierra, sea en el espacio. Los Phantasmas y los Proceedings contienen un número considerable de relatos en los cuales se comprueba que el agente ha cesado de vivir cuando su aparición se realiza. Aunque una acción telepática es algunas veces admisible refiriéndose a un ser vivo, se hace, sin embargo, imposible, tratándose de un muerto, a menos de admitir su supervivencia. Aun en aquél caso, no siempre nos hallamos en presencia de una alucinación verídica, sino que con mucha frecuencia la aparición es objetiva, y sobre la misma pueden hacerse idénticas comprobaciones que cuando se trata de fantasmas vivos. Por consiguiente, si las manifestaciones de un muerto son idénticas a las de un vivo, preciso será admitir que el alma no se destruye como el cuerpo, y que ha conservado la misma sustancialidad que poseía sobre la tierra.

Semejante conclusión es aquella a la cual han venido a parar los videntes, independientemente de los procedimientos espíritas y mucho antes que esta ciencia fuese conocida. La vidente de Prevorst declaraba que las almas estaban rodeadas de envolturas que no hacían sombra[1].

«Su forma es gris: sus vestidos aquellos que llevó en el mundo, aunque grises también. Dichas almas pueden, no solamente hablar, sino producir sonidos, tales como suspiros, frotes sobre la seda o el papel, golpes sobre los muros o muebles, o ruido de calzado a la rastra. Asimismo, son capaces de mover los objetos más pesados y de abrir y cerrar las puertas, etc.» Se ha podido comprobar que estas descripciones no eran imaginarias, pues antes de producirse las manifestaciones, venían anunciadas por los espíritus. Además, estas apariciones dan nombres propios, fechas y relatos de acontecimientos, cuya exactitud ha podido reconocer el Dr. Kerner.

Deleuze, Billot[2] y sobre todo Cahagnet[3], han publicado observaciones muy numerosas, en las cuales son descritas con la mayor minuciosidad las personas difuntas, y frecuentemente, sin que sea posible la hipótesis de la intervención de una lectura de pensamiento del sonámbulo en los asistentes (caso del abate Almignana). Se cuentan por millares los médiums videntes cuya facultad ha sido auténticamente comprobada. Roberto Dalee-Owen cita un notable ejemplo personal.

Dos médiums videntes, desconocidos uno de otro, habitantes en una ciudad lejana y desconocidos igualmente de dicho Sr. Dale-Owen, le hicieron, el retrato exacto de una amiga llamada Violeta, la cual había fallecido hacía 40 años.

Conozco una señora que goza constantemente de la vista de los Espíritus. Los ve ir y venir cual si fueran seres vivos, y algunas veces le resulta difícil la distinción entre hombres y desencarnados. En diversas ocasiones he comprobado que sus visiones eran auténticas, puesto que ha hecho el retrato de algunos espíritus que han sido perfectamente reconocidos por los allegados. Entre los varios casos que se citan, existe el de haber producido el retrato de un caballero fallecido hacia 15 años, y que fue reconocido por la que fue su esposa.

La literatura espírita es rica en afirmaciones de este género, comprobadas en ciertos casos por la fotografía transcendental de la forma invisible. Lo que parece resultar del conjunto de estos hechos, es, que la apariencia bajo la cual se ven los espíritus, no es debida en muchas ocasiones a un acto de su voluntad. Cuando ignoran que se les observa, no tienen interés en ocultarse. Aunque en el espacio viven bajo una forma semejante a la que tenían aquí en la Tierra, es naturalmente sin intervención voluntaria de su parte. Semejante forma les individualiza, haciendo parte de sí mismos. Pero existen casos en los que, a semejanza de lo que podría hacer un hábil actor, la aparición cambia de forma y aspecto. Esta modificación exterior es debida a la plasticidad de la envoltura supra material que por el imperio de la voluntad puede sufrir una transformación. Es sobre la substancia del periespíritu donde este molde se produce. Semejante a esos figurines de caoutchoud sobre los cuales pueden producirse las más extrañas deformaciones, volviendo a adquirir su forma primitiva tan pronto como cesa de comprimirles, el periespíritu vuelve a adquirir su forma normal cuando la voluntad no interviene.

Lo que acabamos de exponer no es una creencia «groseramente sensorial», como dice el Dr. Harttmann, sino que es un hecho bien comprobado, según lo prueban las fotografías de espíritus y los moldes de materializaciones.

La hipótesis de que la imagen que se fija en la placa sensible no es más que una idea exteriorizada por la conciencia sonámbula del médium, quien a su vez la recibe de la conciencia sonámbula de los asistentes, queda destruida por la fotografía de una persona difunta, obtenida en ausencia de toda persona que la haya conocido1en vida M. Aksakof ha citado numerosos ejemplos de este fenómeno[4]. Tal es el retrato de la señora Bonner producido sobre la fotografía del Sr. Bromson Murray, quien así como Munler, que era el operador, ignoraba completamente su existencia. Dicho espíritu se hizo fotografiar más tarde con un cambio de actitud, en la misma, placa que se utilizaba para retratar a su marido. Semejantes modificaciones en la reproducción del mismo personaje, demuestran que lo que se fija en la placa sensible, no son simples imágenes flotando en el espacio.

M. Dow ha obtenido la fotografía de Mabel Waaren, joven señora a quien conoció en vida; pero al propio tiempo obtuvo el retrato de una amiga de ella de apellido Lizzie Benson, y a la que M. Dow jamás había visto, La madre de Lizzie Benson, al ver la fotografía, exclamó: «Me parece una cosa difícil de creer aunque lo veo, pero estoy obligada a convencerme, pues me consta que a la difunta jamás le habían retratado.»

También es una hipótesis desmentida por los hechos la de suponer que el espíritu no conserva su sustancialidad más que poco tiempo antes de la separación de su cuerpo físico, pues con frecuencia se prueba lo contrario. Véase el siguiente caso que refiere el Dr. Thomson en carta que dirigió el año 1873 al director del Spiritual Magazine (pág. 475.)

«Muy señor mío: Conforme a mi promesa, tengo el gusto de informar os respecto a que la figura que se fijó sobre mi fotografía, ha sido reconocida como el retrato de mi madre, la cual murió después de mi nacimiento hace cuarenta y cuatro años. Como jamás había yo visto ningún retrato de ella, no me fue posible reconocer su semejanza; pero habiendo enviado dicha fotografía a su hermano, rogándole me dijera si le encontraba alguna semejanza con alguno de mis parientes muerto ya, obtuve la contestación, de que en los rasgos de la cara del retrato que le enviaba, reconoció los de mi madre.

Vuestro affmo., — G. Thomson.»

Puede que resulte más racional admitir lo que los hechos nos demuestran, es decir, la sustancialidad del alma y la conservación de la forma física, que imaginar una entidad transcendental de la que no se pueda comprender la naturaleza y cuya realidad no sea posible revelar experimentalmente. Por lo demás, las materializaciones demuestran tales caracteres fisiológicos y anatómicos, que apenas se puede atribuir la corporeidad, de esas creaciones temporales a la voluntad del espíritu.

A fin de no prolongar inútilmente la discusión, tomemos el caso típico que excluye la posibilidad de explicar la aparición por una transfiguración del médium o de su doble. Examinemos inmediatamente uno de los relatos en los que se comprueba la presencia simultánea de muchos espíritus tangibles y del médium desdoblado. Parece evidente que puesto que estos seres temporalmente objetivos, hablan, andan y poseen un cuerpo físico no pueden ser creaciones del pensamiento del médium, sino que son individualidades independientes. Esta afirmación viene atestiguada por los Sres. Reimers y Oxley, investigadores intrépidos y honorables, los cuales han estudiado semejantes fenómenos[5].

Al terminar un gran número de sesiones, quedaron persuadido de que dos formas materializadas conocidas con los nombres de «Bertie» y «Lily», eran diferentes entre sí e independientes del médium, porque cada uno de estos espíritus ha podido producir, en diferentes ocasiones, moldes de manos y pies materializados, que siempre tienen la misma forma para cada espíritu; en segundo lugar, porque estas materializaciones produjeron moldes idénticos, con todo y ser reemplazado el primer médium, que lo era la Sra Firman, por otro médium, que era el Dr. Monck[6]. He aquí de qué modo el Sr. Reimers, relata estos hechos:

«Muy pronto la fuerza oculta empezó a actuar, oyéndose el cabrilleo del agua. Pocos minutos después fui advertido para que me levantara y extendiera las manos en actitud encorvada, para retirar los moldes. Sentí el contacto de un molde en parafina, y en el instante el pie materializado se desprendió con la rapidez del rayo, producicendo un extraño sonido, y dejando el molde entre mis manos. Esta misma noche obtuvimos las dos manos. Los tres yesos llevan exactamente las líneas y rasgos característicos de las manos y pies de Bertie, según los había observado cuando sus moldes habían sido obtenidos en las sesiones celebradas con la Sra. Firman.»

Esta observación demuestra la independencia de la materialización vis a vis del médium.

A continuación copiamos otra prueba absoluta, extraída de unas notas del Sr. Oxley, relativas a una ulterior sesión (Spiritualist, 24 Marzo 1878). «Muy pronto dos figuras de mujeres, que conocemos con los nombres de «Bertie» y «Lily», se presentaron en la abertura de los cortinajes, y cuando el Dr. Monck pasó su cabeza a través de dicha abertura, aquellas dos figuras asomaron la cabeza por encima de los cortinajes, en tanto que dos figuras de hombre «Milke» y «Richard» las separaban por ambos lados haciéndose visibles. De modo que simultáneamente percibimos al médium, y a cuatro figuras materializadas, de las que cada alma ofrecía rasgos particulares que la distinguían de las demás, como ocurre entre personas vivas. Es inútil decir que fueron tomadas todas las medidas de precaución para impedir cualquier superchería, y que si se hubiera intentado el fraude, nos habríamos dado cuenta a la menor tentativa.»

Está de más que digamos que los moldes procedentes de Bertie o de Lily son verdaderas piezas anatómicas; por lo mismo, no se trataba de imitaciones más o menos perfectas de miembros humanos, como las que produciría una acción voluntaria. Es la misma naturaleza la que se descubre con una complejidad inimitable. M. Aksakof dice a este propósito lo que sigue (pág. 148): «La forma en yeso del pie de Bertie que he recibido del señor Oxley, presenta particularidades convincentes en alto grado; los huecos formados por los dedos al nivel de su reunión con la planta, han debido necesariamente ser llenados de parafina y formar eminencias verticales que infaliblemente se hubieran quebrado a haberse retirado el pie del modo acostumbrado, siendo así que la forma de los dedos quedó intacta. Existe otra circunstancia significativa, y es, que no tan solo se han reproducido las cavidades y hundimientos de una manera perfecta, sino que se han marcado con la mayor claridad las líneas sinuosas que surcan la planta del pie (en número de 50 por pulgada, poco más o menos) según ha comprobado el Sr. Oxley».

Parece por lo mismo bien establecido, según se deduce de las experiencias mencionadas, que la envoltura fluídica que se observa, contiene el plan orgánico de un ser vivo hasta en sus más pequeños detalles, y parece verosímil que si se pudieran obtener moldes o impresiones de todas las apariciones, se encontraría constantemente este carácter morfológico del organismo invisible.

He aquí algunos hechos que establecen el fundamento de esta opinión. Cuando apenas se halla acentuado el grado de materialización de los seres que producen los fenómenos, de modo que el ojo pueda percibirlos, el comienzo de tangibilidad necesaria para la obtención de trazos materiales se acusa por los mismos detalles anatómicos que cuando el grado de materialización es completo. Desde el instante que principia la objetivación se muestran las propiedades funcionales del periespíritu de un modo mecánico, automático.

El astrónomo Zoëllner afirma[7] que durante una de las experiencias que realizó con Slade, se produjo la impresión de una mano invisible en un vaso lleno de harina en flor, quedando señaladas de un modo bastante claro todas las sinuosidades de la epidermis, no habiendo perdido de vista las manos del médium, que permanecieron constantemente sobre la mesa. La mano impresa sobre la harina era más grande que la de Slade.

En otra ocasión se obtuvo una impresión duradera sobre un papel ennegrecido a la llama de una lámpara de petróleo. Slade se descalzó inmediatamente, mostrando que en ninguno de sus pies había la más pequeña señal de humo negro, comprobándose además que la huella del pie estampada sobre el humo negro, tenía cuatro centímetros más de extensión que el pie del médium. Dicha huella era la de un pie comprimido por una bota, pues un dedo estaba tan completamente recubierto por otro, que no era posible verle.

No podía atribuirse semejante impresión al doble de Slade sino que había de ser producida por un ser que poseyera esta deformación característica conservada en la forma fluídica.

El Dr. Wolf [8], en una sesión celebrada con la Srta. Hollis, vio hacer evoluciones rápidas a una mano, y después de colocarse sobre un plato que contenía harina, se retiró no sin haber antes sacudido las partículas adherentes. «La huella que quedó en la harina representaba la mano de un hombre adulto con todos los detalles anatómicos.»

El profesor Denton, inventor de los moldes a la parafina, en la primera sesión que celebró con la Sra. Hardy, obtuvo de 15 a 20 moldes de dedos de toda forma y tamaño. Sobre los más grandes como sobre los de dimensiones normales, vio todas las líneas, hundimientos y relieves que se observan en los dedos humanos. El escultor O'Brien examinó siete modelos en yeso de manos materializadas encontrándolas de una «maravillosa ejecución,» reproduciendo todos los detalles anatómicos, así como las desigualdades de la piel, con una finura tan grande como la que podría obtenerse modelando un miembro humano, aunque para este sería preciso un molde en piezas, en tanto que los modelos sometidos a su examen no llevaban «ninguna traza de soldadura.» El relato del señor Denton dice que uno de esos moldes «se parece singularmente, tanto en forma como en tamaño» al molde de la mano del Sr. Enrique Wilson, cuya extremidad fue exhumada por el Sr. O'Brien poco tiempo después del fallecimiento de aquél, con motivo de tomar el molde de la cara sobre yeso. En este ejemplo se atestigua de un modo indubitable la conservación de la forma humana. El Dr. Nichols confirma lo mismo a propósito de la mano de su hija, que se obtuvo con el mismo proceder. «Esta mano (dice) no tiene nada de la forma convenida que creen los estatuarios. Es una mano puramente natural, anatómicamente correcta, poniendo en relieve los huesos, venas y las menores sinuosidades de la piel. Es la mano que tantas veces había estrechado durante su existencia mortal».

Podríamos multiplicar estos testimonios que establecen que el espíritu tiene un organismo invisible cuya forma exterior es idéntica a la de un cuerpo terrestre; haciendo creer algunas observaciones, que tal semejanza tiene asimismo lugar para todos los órganos internos. En la célebre descripción de Katie-King dada por Crookes, el eminente observador declara que la aparición tenía un pulso que latía regularmente 75 veces por minuto, en tanto que el de la Srta. Crook, alcanzaban pocos instantes después el número de 90, su cifra normal. Apoyando la cabeza sobre el pecho de Katie se percibía el latido de un corazón, notándose que los pulmones eran más sanos que los de la médium. Por consiguiente, tanto si se ve en Katie un desdoblamiento de la Srta. Crook, como si se ve un espíritu, el hecho es que la aparición totalmente materializada encierra un mecanismo interno absolutamente semejante al de un vivo.

El Sr. A. R. Wallace, en una carta al Sr. Erny, escribe[9]: «Algunas veces la forma materializada no parece más que una máscara, incapaz de hablar o de hacerse tangible a un ser humano. En otras circunstancias, la forma tiene todas las partes características de un cuerpo vivo y real, pudiendo moverse, hablar, escribir y desarrollar calor al tacto. Tiene «sobre todo una individualidad y cualidades físicas y mentales completamente diferentes de los del médium.»

En una sesión celebrada en Liverpool con un médium no profesional, el Sr. Burns, editor del Médium, vio aproximársele un espíritu con el cual había estado mucho tiempo en relación, «me estrechó la mano con tanta fuerza (dice el narrador), que percibí el crujido de una de las articulaciones de sus dedos, tal como ocurre cuando se estrecha la mano con fuerza. Este hecho anatómico fue corroborado; por la sensación que experimenté de tener una mano perfectamente natural.» El Dr. Hitchman, que formaba parte de este círculo, escribía el siguiente párrafo al Sr. Aksakof [10]: «Creo haber obtenido; la mayor certeza científica, de que cada una de las formas aparecidas, era una individualidad distinta de la envoltura material del médium, pues yo las he examinado con ayuda de diversos instrumentos, comprobando la existencia en ella de respiración y circulación, y habiendo además medido su talla, y circunferencia del cuerpo, pudiendo apreciar su peso, etcétera.»

Estos testimonios múltiples y reiterados no permiten dudar que el alma posea después de la muerte una sustancialidad que contiene las leyes organogénicas del cuerpo humano. Sabemos que la materia y la energía de que tiene necesidad la aparición para tangibilizarse, son suministradas por el médium y algunas veces por los concurrentes. Las comprobaciones hechas sobre ciertos sujetos durante las materializaciones han establecido que las variaciones de peso del médium, estaban sincronizadas y ligadas al objetivo del fantasma[11]. Además, el estudio atento de los moldes revela claramente, que si la forma pertenece al espíritu, la materia procede del médium, pues semejantes moldes presentan particularidades cutáneas que descubren la edad de dicho médium. Así pues, relacionando sencillamente los hechos de desdoblamiento, con los fenómenos de materialización, aparece claramente que el alma, tanto en vida como después de la muerte, se halla revestida siempre de una envoltura substancial, invisible normalmente e imponderable, pero que contiene las leyes biológicas que presiden a la organización del cuerpo humano.

No tratamos de investigar cuál es esta sustancialidad, limitándonos únicamente a adoptar la palabra periespíritu (de peri, al rededor Spíritu, espíritu) que en nada prejuzga su naturaleza; de lo que estamos seguros es, de que el periespíritu no es un producto del cuerpo físico, porque puede desprenderse del mismo aun en vida, que sobrevive a la destrucción del organismo material, y que contiene, aún después de la muerte, las leyes organogénicas que permiten reconstituir momentáneamente un ser humano. En las sesiones de materializaciones, asistimos a una suerte de encarnación temporal, anormal, cuya duración es muy corta, permitiéndonos esto deducir, que es el mismo fenómeno el que se produce naturalmente cuando venimos al mundo.

---

1. Dr. Kerner. *La voyante de Prevorst*: traducción por el barón du Potet. Traité cómplet de Magnetisme, pág. 120.

2. Billot. *Correspondance sur le Magnétisme vital*, fenómenos de aportes y desdoblamientos comprobados en 1820.
3. Cahagnet. *Arcanes de la vie future dévoilés*, e volúmenes con más de 200 descripciones de difuntos reconocidas verídicas.
4. Aksakof. *Animisme et Spiritisme*, páginas 607 y siguientes.
5. Aksakof. Obra citada, pág. 139 y siguientes. Véase asimismo, *la Revue Spirite*, 1878, página 65 y siguientes.
6. Dice el Sr. Reimer (que obtuvo los mismos fenómenos con ayuda de otros médiums, que fueron, el, D. Monck y el hijo de nuestro médium habitual». *Revue Spirite*, 1878, página 71.
7. Zoëllner; *Wisseschaftliche Abbandlungen*. Vol. II.
8. Dr. Wolf, *Startling facts*. Pág. 481.
9. Erny, *Le psychisme experimental*.
10. Obra citada pág. 228.
11. Aksakof. *Un cas de dématérialisatión partielle du corps d'un médium*.

5
EL SER HUMANO

Importancia fisiológica del periespíritu. Puesto que el alma es absolutamente distinta del cuerpo y sobrevive, preexiste al nacimiento, pues los padres (así como el médium durante la materialización) suministran tan solo la energía vital y la materia que servirá para constituir el edificio corporal. Esta manera de ver está confirmada por la observación de los fenómenos que se realizan durante toda la existencia de los seres vivos. Escuchemos la gran voz de Claudio Bernard, que proclama la necesidad de una idea preconcebida para explicar la formación del embrión[1]. «En la evolución del embrión vemos aparecer un simple esbozo del ser antes de su organismo completo. Los contornos del cuerpo y los órganos son detenidos en un principio, empezando por los andamiajes orgánicos provisorios que servirán de aparatos funcionales del feto. Ningún tejido se manifiesta bien diferenciado. Toda la masa está constituida en aquel entonces por células plasmáticas y embrionarias, más a pesar de ello en ese esbozo vital se halla ya trazado el dibujo ideal de un organismo todavía invisible para nosotros, que ha asignado a cada parte y a cada elemento, su lugar, su estructura y sus propiedades. En el sitio donde deben aparecer los vasos sanguíneos, nervios, músculos, huesos, etc., las células embrionarias se cambian en glóbulos de sangre, en tejidos arteriales, venosos, musculares, nerviosos y óseos.»

Además, el ilustre fisiólogo precisa del siguiente modo su pensamiento[2]:

«Lo que es esencialmente del dominio de la vida y que no pertenece ni a la física, ni a la química, ni a otra cosa, es la idea directriz de esta acción vital. En todo germen vivo existe una idea directriz que se desarrolla y se manifiesta por la organización. Mientras el ser vive se halla sometido a la influencia de esta misma fuerza vital creativa, y la muerte ocurre cuando dicha idea no se puede realizar. Es siempre la misma idea la que conserva el ser, reconstituyendo las partes vivas, desorganizadas por el ejercicio o destruidas por los accidentes o enfermedades.»

Estas apreciaciones son tanto más justificadas cuanto los progresos de la química fisiológica han permitido estudiar de una manera bastante exacta la composición del cuerpo. Hoy se sabe de una manera cierta que todos los tejidos que le componen se renuevan sin cesar. Los huesos, que tan resistentes parecen, se hallan sometidos perpetuamente a un cambio interno que se demuestra visiblemente colorando la alimentación. El trabajo de evolución fisiológica escapa enteramente a los ojos del hombre no prevenido, revelándose solamente al exterior por medio de especiales modificaciones que requieren un largo intervalo para conseguir que se hagan aparentes. Entre dos épocas muy próximas no saben ni pueden los hombres discernir los efectos de este trabajo íntimo y continuo, imaginándose ser en su totalidad la misma y naciendo de ahí el sentimiento de la identidad personal.

Pero desde el instante que se realiza la comparación entre dos datos lejanos, treinta años por ejemplo, las modificaciones experimentadas por el cuerpo aparecen con una limpieza irrecusable. Ya entonces no queda otro recurso que rendirse a la evidencia, pues se llega al convencimiento de que se ha cambiado radicalmente.

Semejantes transformaciones se producen invisiblemente y con lentitud. No existe una manifestación vital que no corresponda a una destrucción orgánica. Cuando se ejecuta un movimiento, tanto en el hombre como en el animal, una parte de la substancia activa del músculo se quema y destruye; cuando la sensibilidad y la voluntad se manifiestan, los nervios se gastan; cuando el pensamiento se produce, el cerebro se consume. Así puede decirse que jamás la misma materia sirve dos veces a la vida. Cuando un acto se cumple, la partícula de materia viva que sirvió para producirlo, ya no existe. Si el fenómeno reaparece, es porque una nueva materia le ha prestado su concurso.

El deterioro orgánico es siempre proporcionado a la intensidad de las manifestaciones vitales; así la alternación material es tanto más profunda o considerable, cuanto más activa se muestra la vida. La desasimilación separa de las profundidades del organismo aquellas substancias tanto más oxidadas por la combustión vital cuanto más enérgico ha sido el funcionamiento de los órganos.

Las oxidaciones o combustiones engendran el calor animal, dando nacimiento el ácido carbónico que se exhala por el pulmón, y a diferentes productos que se eliminan por los demás emuntorios de la economía.

El cuerpo se gasta experimentando una pérdida de peso que es preciso reparar por medio de la alimentación[3].

La orina, el sudor, la respiración, son los vehículos que transportan hacia el exterior los detritus vitales. Esas tres funciones reasumen el total de las pérdidas que el hombre tiene cada día por la desasimilación tomando la cifra de 1500 gramos para la orina, según hace Vogel[4] que se descompone en 1440 gramos de agua y 60 gramos para las substancias en disolución, tales como urea, uratos, fosfatos, etc.[5] se tendrá el siguiente resumen:

1º Orina............... 1500 gramos
2º Sudor............... 1000 " [6]
3º Respiración....... 500 "

Total. 3000 gramos

Puesto que el hombre pierde cada día tres kilogramos de materia combinada, está obligado a reemplazarlos por medio de tres kilógramos de alimentos sólidos y líquidos. En un año habrá perdido 3X365=1095 kilogramos, que habrá remplazado por un número igual de kilogramos de alimentos sólidos y líquidos.

Veamos el peso total de materia que ha pasado por su cuerpo durante su existencia. Para simplificar el problema y dejar a un lado las variaciones en más o en menos de la juventud y de la vejez, se puede suponer que la vida del hombre corresponde a 40 años, durante los cuales el equilibrio del cambio de materia es de 1095 kilogramos por año. De ellos se vendrá a deducir, que durante toda su existencia habrá recibido el hombre 1095X40=43800 kilogramos de diversas substancias. A estos 43800 kilogramos hay que añadir los 75 que pesa el cuerpo del hombre a la edad viril, pues por hipótesis y para simplificar, hemos tomado al hombre en su edad adulta. De consiguiente el total será de 43875 kilogramos o 44000 kilógramos en cifras redondas.

Así, desde el nacimiento hasta la muerte, es decir, durante su existencia entera, cada hombre devuelve sucesivamente y por fracciones los 44000 kilogramos de substancias minerales que sucesivamente se ha asimilado por fracciones. En definitiva y en último análisis, ¿qué es un cuerpo humano? Es una forma en la cual han pasado los 44000 kilogramos de materia. Este hecho no es explicable más que por medio del conocimiento del periespíritu. Si en nosotros no existiera un molde fijo, estable, que jamás cambia, no se podría comprender de qué manera la envoltura carnal puede conservar su tipo orgánico, en medio de este torrente de materia. Al aplicar al periespíritu la cualidad de estable, no hay que tomarla en sentido equívoco. Veamos cómo debe ser interpretada.

Cuando se compara el estado del cuerpo: rostro, corpulencia, cabellera, estatura que se tiene a los cincuenta años con la que se tenía a los veinte, nos quedamos impresionados por las profundas modificaciones que se han producido. Si se remonta a la edad de diez años, los cambios todavía son más enormes; y sin embargo, mirando con atención la fotografía, se adivinan sin grandes dificultades en los rasgos de la fisionomía del niño y del adolescente, el origen de la fisionomía del hombre de cincuenta años. La evolución que continuamente se ha realizado sella mantenido en límites definidos; estos límites son los que impone la forma, abstracción hecha de las moléculas componentes, es decir, de los que se denomina el *tipo*.

¿Cómo será posible dudar ni un solo instante de la realidad de la existencia del alma, al ver que el mencionado tipo se revela siempre, aun por fuera de los límites del cuerpo?

Los casos citados precedentemente son otras tantas pruebas irrecusables de esta forma del alma, independiente de las moléculas carnales que no son para ella más que un manto cambiante, aunque siempre formado de semejantes materiales; un flujo que la rodea y en el cual se materializa momentáneamente. Esta forma indestructible es la que se encuentra después de la muerte, pues ella no depende del cuerpo físico, sino que preexiste a la materia viva y subsistirá aun cuando la vida se extinga en su envoltura.

El periespíritu puede compararse groseramente a un recipiente en el cual el agua pasaría sin depositarse, pues constantemente una parte del líquido se derrama, y desde el exterior viene una cantidad igual a reemplazar a la que ha desaparecido.

En el cuerpo humano, en lugar de agua, es la materia la que circula, pues si conservamos nuestra individualidad intelectual es porque no se halla unida a esta substancia inestable que ha sido renovada centenares de veces y que reside en lo que es constante; en el alma y en su envoltura. Mas se dirá si el periespíritu es inmutable, ¿cómo se explican estos cambios en el aspecto exterior? ¿De dónde procede la evolución que se manifiesta a partir del nacimiento hasta la muerte?

Yo creo que debe atribuirse a la energía vital, cantidad limitada que va sin cesar disminuyendo hasta la extinción final.

El principio de actividad que nos hace vivir, es una suma limitada de energía que se agota con su uso. Desde la concepción hasta la muerte, la potencia que construye y repara el organismo va sin cesar disminuyendo. Mientras que durante los nueve meses de gestación el óvulo fecundado aumenta en peso más de un millón de veces, el recién nacido gana solamente el triple el primer año, una sexta parte en el segundo año, y va de menos en menos años sucesivos. Desde los treinta a cuarenta años el cuerpo permanece estacionado, y a partir de dicha edad, va disminuyendo hasta el fin[7].

Al igual que los proyectiles movidos por una impulsión brusca, tienen los seres lanzados a la vida su máximum de fuerza viva, en un principio, y la van perdiendo gradualmente a medida que tienen que vencer resistencias, deteniéndose su carrera tan pronto como han consumido aquélla. En el momento de la encarnación, se fija en el periespíritu la fuerza que emana de los progenitores, y esta fuerza es la que pondrá su mecanismo funcional en movimiento y la que será el manantial de su actividad. La evolución es debida a la variable densidad de esta fuerza.

Durante la vejez conserva el periespíritu las mismas propiedades, pero se ejercen más débilmente a medida que disminuye el principio de animación.

A los que no comprendan de qué manera una sustancia tan rarificada como el periespíritu es capaz de contener leyes que se traducen por el dibujo del ser vivo, me permitiré señalarles una analogía. El fantasma magnético se obtiene por medio de un electro-imán cuyos polos son las extremidades. Alrededor de estos dos polos se colocan limaduras de hierro siguiendo determinadas líneas, y esto ocurre, tan pronto como se hace pasar a través de los espirales del electro-imán una corriente eléctrica. Por consiguiente; la electricidad, fuerza imponderable, ha determinado en el hierro dulce del electro–imán el nacimiento de la fuerza magnética, y ésta ha colocado, sin contacto directo del aparato, las moléculas de las limaduras de hierro en el orden que podemos observar realizando el experimento. Mientras dura el paso de la corriente se mantiene el dibujo formado, pero tan pronto como se agota la fuerza eléctrica, el menor choque exterior destruye la figura formada. Esta es variable en sus disposiciones, según se producen puntos consecuentes o que los polos sean más o menos contorneados.

Si asimilamos el periespíritu a un electro-imán poseyendo por diferenciación numerosos polos, podremos imaginar que cada uno de los grandes sistemas del organismo corresponde a uno de esos polos. El corazón, con la red de venas y arterias, será dibujado de ésta manera. Los pulmones, los sistemas nerviosos, óseos, etc., serán las líneas de fuerza de este organismo fluídico, y se puede comprender que por más que se renueve la materia, se ve obligada a colocarse en el orden que se le ha asignado por este andamiaje vital, así como ocurre con el fantasma magnético cuyas limaduras de hierro podrían cambiarse sin intervalo, y sin embargo, el espectro magnético no se modificará en tanto la corriente eléctrica conserve la misma intensidad. Es cierto que esta comparación es en cierto modo esquemática, pues el periespíritu se halla constituido por un estado de la materia muy diferente del electro–imán, y las acciones que con él se realizan son muy complejas.

Valiéndose de la comparación precedente, lo cierto

es que el Espiritismo aporta una concepción del todo nueva, y es, que las leyes organogénicas del ser humano residen en la envoltura fluídica. Cuando el alma habita en el espacio; permanecen dichas leyes sobre el periespíritu en estado latente, y no dan muestra de actividad hasta que son puestas en acción por la fuerza vital. Esta transmite las modificaciones congénitas de la herencia, que vienen a modificar los caracteres secundarios del tipo fluídico aportado por el espíritu. Puede decirse que la intensidad de sus manifestaciones es proporcionada a la de la energía vital. De ahí viene la actividad formidable que se observa al principio de la vida, y el aplastamiento de la máquina orgánica propio de la decrepitud. Así, el alma, el periespíritu y la fuerza vital, son factores indispensables a todo ser animado, llámese hombre, animal o planta.

Papel psicológico del periespíritu. — Sabemos que después de la muerte el alma conserva el recuerdo de los acontecimientos terrestres, y que esta memoria supone la existencia de una suerte de sustancialidad; hemos visto que el periespíritu es normalmente invisible, imponderable, y que no se destruye como el cuerpo físico: por consiguiente en él existe la memoria. Sin prejuzgar en nada la verdadera naturaleza de este cuerpo espiritual, nos hallamos inclinados a suponer, a causa de sus caracteres de invisibilidad e imponderabilidad que el periespíritu se halla formado por una suerte de materia extremadamente rarificada, cuyo movimiento vibratorio molecular debe ser muy rápido, ateniéndonos a lo que generalmente se admite de los diferentes estados sólidos, líquidos y gaseosos, los cuales no son más que los términos lejanos de una serie de cambios físicos atribuibles a la cantidad de fuerza viva contenida en cada molécula.

La sensación. — Durante la vida, el periespíritu se

halla interpuesto entre el alma y el cuerpo, y como consecuencia de ello, todas las sensaciones deben pasar por él con objeto de llegar a la conciencia, del mismo modo que todas las operaciones intelectuales y voluntarias dejan allí su huella, pues nada se pierde en la naturaleza. Toda fuerza que actúa sobre un cuerpo podrá transformarse, pero se vuelve a encontrar por entero en el cuerpo que ha estado sometido a su acción. Este es modificado en cierto sentido, así es que el periespíritu debe registrar las modificaciones sucesivas que experimenta, y como es un organismo permanente, en él deben volverse a encontrar cuantas sensaciones, pensamientos y voliciones le hayan hecho vibrar durante su vida terrestre.

¿Cuál es la especie de modificación producida en la envoltura etérea?

Voy a tratar de demostrar que es de naturaleza dinámica.

Toda sensación visual, auditiva, táctil o gustativa, es determinada en su origen por un movimiento vibratorio del aparato receptor. El rayo luminoso que impresiona la retina, el sonido que hace vibrar el tímpano, la irritación de los nervios periféricos de la sensibilidad, en una palabra, todas estas excitaciones se traducen por un movimiento diferente, según sea la naturaleza e intensidad del excitante. Esta vibración se propagará a lo largo de los nervios sensitivos, y después de haber recorrido cierto trayecto en el cerebro, va a parar, según la naturaleza de la irritación, a un territorio especial de la capa cortical, dando nacimiento a la percepción. Ya en este terreno tocamos un punto oscuro que ningún filósofo ni naturalista ha podido explicar.

Unos, como Luys, dicen que la fuerza se exalta, se espiritualiza, lo cual no viene a significar nada sin admitir el periespíritu que dicho autor no conoce; otros se limitarán a decir que la percepción pertenece al sistema nervioso psíquico, el cual queda modificado de cierta manera. Los que así piensan atribuyen a la materia las facultades del alma, que ninguna inducción puede justificar; para ellos la célula nerviosa es el elemento que recibe, almacena y reacciona, no estando aún resuelta la cuestión de si el fenómeno tiene lugar por vibración, como ocurre con la oscilación de una cuerda así que se la separa de su posición de equilibrio, o bien en virtud de una descomposición química de su protoplasma. Lo que hay de cierto es que tiene efecto un cambio dinámico, y desde entonces la fuerza vital ha sido modificada en cierto sentido, adquiriendo un ritmo vibratorio especial que se comunica al espíritu, y a partir de este momento, si la atención estaba despierta, habrá tenido lugar el fenómeno de la percepción[8].

La memoria psíquica. — El mecanismo del pensamiento durante la vida está ligado a un cierto desgaste del cerebro, como lo prueban la elevación de temperatura de las capas corticales mientras dura el trabajo mental y el aumento de residuos excretados bajo forma de sulfatos y fosfatos. Siendo el periespíritu el doble del organismo, sufre modificaciones concomitantes, de suerte que contiene realmente, bajo forma de movimientos, todas las modalidades de la actividad espiritual, del mismo modo que una placa fotográfica impresionada por la luz, guarda perpetuamente, por medio de una reacción fija e indeleble, los vestigios de la excitación luminosa. Sobre esta placa pueden fijarse una serie de imágenes, y a pesar de haberse superpuesto las últimas a las precedentes, no por eso quedarán éstas borradas, como no sea por la destrucción de las imágenes.

Esta analogía es todavía muy lejana, pues dentro de la realidad, el periespíritu no es una substancia sólida, de suerte que en él pueden registrarse millones de impresiones con mucha mayor facilidad que en la placa gelatinizada, la cual presenta un estado de condensación molecular estable.

El hecho esencial es la conservación indeleble de las sensaciones. Como dice el profesor M. Richet[9], «Del mismo modo que en la naturaleza jamás existe pérdida de fuerza cósmica, sino solamente; transformación incesante, así también cuanto hace vibrar el espíritu del hombre, tampoco se pierde. Es la ley de la conservación de la energía bajo un punto de vista diferente. Los mares todavía sienten el influjo de la estela de la nave de Pompeya, pues el movimiento del agua no se ha perdido, solamente se ha modificado, difundido, transformado en una infinidad de ondas pequeñas, las que su vez se han cambiado en calor; acciones químicas o eléctricas. Paralelamente, las sensaciones que han estremecido a mi espíritu hace veinte o treinta años, han dejado en mí un vestigio, y por más que no me sea conocido y que por consiguiente no pueda evocar su recuerdo, puedo en cambio afirmar que dicho recuerdo no se ha extinguido y que las antiguas sensaciones, infinitas en número y variedad, han ejercido en mí una influencia del todo poderosa.»

La experiencia confirma estas enseñanzas, puesto que en ciertos sujetos hipnotizados se pueden despertar sucesivamente todas las fases de su vida anterior[10], mientras que en estado normal las tenía completamente olvidadas. Esta resurrección de un pasado perdido para la conciencia ordinaria, demuestra que nada se pierde. Pero ¿de qué manera ese pasado renace? Para comprender lo que ocurre, es preciso saber cómo y cuándo tiene lugar la percepción.

Así, es preciso no olvidar que para percibir una sensación, o sea para que se traduzca en estado de conciencia, son precisas dos condiciones: 1° la intensidad y 2° la duración.

La intensidad es una condición de carácter muy variable, pero siempre es necesario que la sensación tenga un mínimo de fuerza para que la percepción se produzca. De ahí que cuando los sonidos son muy débiles no los percibimos, y tampoco apreciamos los sabores que no tienen cierta intensidad. Por este motivo cuando las percepciones no guardan constantemente la misma fuerza, disminuyen insensiblemente hasta que no siendo lo suficiente intensas para quedar presentes al espíritu, caen «por debajo del suelo de la conciencia» como dice M. Ribot.[11]

La duración. — El tiempo necesario para que una sensación sea percibida, o aun mejor, para que el espíritu adquiera conocimiento de la sensación, ha sido medido en las sensaciones visuales, auditivas y táctiles. Por más que los resultados sean muy diversos según los experimentadores, las personas en quienes se ha experimentado, y la naturaleza de los actos psíquicos estudiados, no obstante, ha quedado establecido que cada operación intelectual requiere una duración apreciable, y que la pretendida velocidad infinita del pensamiento, no es más que una metáfora.

Planteada la cuestión en los términos que anteceden, es claro que toda modificación sensorial cuya duración es inferior a la que requiere la psíquica, no puede despertar la conciencia y se registra sin que el alma tenga noción de ello.

Durante toda nuestra existencia las sensaciones y pensamientos se nos graban con una potencia que depende de la intensidad y duración de las causas que determinan dichos pensamientos y sensaciones, y a medida que la intensidad y duración disminuyen, van desapareciendo momentáneamente del campo de la conciencia para dar paso a otras; en una palabra, se hacen inconscientes.

Por consiguiente, a partir del nacimiento, nuestra alma se crea una inmensa reserva de sensaciones, voliciones y pensamientos. Cada espectáculo que contemplamos, cada libro que leemos, cada conversación sostenida, deja en nosotros una impresión indeleble; las ideas se enlazan y encadenan por ley de asociación, y esta ley tiene efecto también entre las sensaciones y percepciones. El territorio donde se acantona este sin número de materiales es el periespíritu; aquí se inscriben todas las adquisiciones, coexistiendo sin confundirse, sin mezclarse unas con otras, y formando como la biblioteca viva de cada ser sensible. Este tesoro que se denomina el inconsciente, es una suerte de cinematógrafo natural que funciona bajo la acción de la voluntad. Cuando el espíritu quiere utilizar esta reserva se ve obligado muchas veces a hacer un esfuerzo para avivar los recuerdos, pues para verificar los estados psíquicos subconscientes, es preciso que les devuelva el mismo ritmo vibratorio que tenían en el momento de producirse. ¿Cómo se consigue esto? La experiencia nos enseña que la atención da por resultado un aumento en la potencia del movimiento en un músculo[12]. Cuando por medio de la voluntad concentramos nuestro pensamiento hacia un recuerdo, logramos enviar en su dirección una serie de influjos sucesivos, que tienen por objeto devolver a las células, y por consiguiente al periespíritu, el mismo movimiento vibratorio que poseían en el momento de haberse hecho consciente. Esta repetición de una excitación llega a producir una congestión en el órgano material con gran actividad funcional, y produce, aún por debajo de los límites de la conciencia, una suerte de atención pasiva. Después de una serie de excitaciones de la misma intensidad, cuyas primeras no habían sido sentidas, la reminiscencia se hace clara. Fácil es comprender de qué manera, y valiéndose de la misma teoría, se puede pasar del inconsciente psíquico al inconsciente orgánico.

La memoria orgánica. — El verdadero tipo de la memoria orgánica debe buscarse en aquel grupo de hechos que Hartley denominó con gran propiedad, *acciones automáticas secundarias*, en oposición a los actos automáticos innatos. Estas acciones automáticas secundarias, o movimientos adquiridos, constituyen el fondo mismo de nuestra vida diaria. Así, la locomoción, que en muchas especies inferiores es un poder innato, debe en el hombre ser adquirido, y esta adquisición debe referirse particularmente al poder de coordinación que mantiene el equilibrio a1cada paso por la combinación de las impresiones táctiles y visuales[13].

De una manera general puede decirse que las extremidades de un adulto y sus órganos sensoriales, no funcionan rápidamente más que gracias a esta suma de movimientos adquiridos y coordinados que constituyen, para cada parte del cuerpo, su memoria especial, o sea el capital acumulado sobre el cual vive y por el cual obra; de idéntica manera que el espíritu vive y actúa en virtud de las experiencias pasadas.

Al mismo orden pertenecen aquellos grupos de movimientos de carácter artificial que constituyen el aprendizaje de una profesión manual los juegos de destreza, los diversos ejercicios del cuerpo, etc.

Es fácil comprobar por medio de la observación,

que la memoria orgánica, o sea aquella de que nos servimos en el baile, la natación, la equitación, en el tocar instrumentos de música, etc., se parece en un todo a la memoria psicológica, excepto en un punto, que es la ausencia de conciencia.

«Cuando un niño aprende a escribir, dice Lewes, le es imposible mover la mano sola, así es que mueve igualmente la lengua, los músculo de la cara y aún del pie, más con el tiempo, aprende a suprimir los movimientos inútiles.» Cuando intentamos realizar por la primera vez un acto muscular, gastamos superfluamente una cantidad de energías, pero gradualmente aprendemos a restringirla, de modo que solamente gastamos la que se necesita. Por medio del ejercicio los movimientos apropiados se fijan, con exclusión de los demás. Entonces se graban en el periespíritu los movimientos secundarios, que asociándose a los movimientos motores primitivos, se hacen de más en más estables, según la repetición más o menos frecuente de los mismos actos, y si estos se reiteran con mucha frecuencia, se llega a producirlos de un modo tan rápido, que el acto resulta inconsciente, pues ni siquiera se emplea el mínimo exigible de intensidad y tiempo para que el esfuerzo sea percibido.

Sonambulismo natural o provocado. — De las experiencias realizadas por M. de Roches hemos aprendido que las maniobras magnéticas tienen por objeto desprender el alma y el periespíritu del cuerpo; es decir, aumentar la suma de movimiento del periespíritu o sea, permitirle readquirir una parte de su movimiento vibratorio natural, que es el que posee cuando está completamente desprendido del cuerpo. Es fácil comprender que todas las sensaciones percibidas durante este desprendimiento, serán registradas por el periespíritu con un tonus vibratorio diferente del de la existencia normal. En estas condiciones se constituirá una segunda memoria con su mínima de tiempo y de duración, de ningún modo semejante a la de la vida ordinaria; de suerte que al despertarse el alma del sujeto, no podrá acordarse de cuantos sucesos psíquicos hayan ocurrido durante su estado sonambúlico.

Más, el desprendimiento del alma está muy lejos de ser siempre idéntico para el mismo sujeto; existen grados numerosos en esta exteriorización, y de ahí los sucesivos sueños sonambúlico denominados estados profundos de la hipnosis, los cuales, se hallan separados y caracterizados por memorias especiales. Es evidente que la memoria se hace más extensa a medida que el movimiento periespiritual aumenta, de suerte que la última, conoce todas las demás. Cuando el sujeto vuelve al estado normal, tiene lugar el fenómeno inverso, o sea una limitación del campo de la memoria, el cual se va estrechando por zonas sucesivas, que vuelven a pasar al inconsciente a medida que disminuye la cantidad de movimiento.

Por consiguiente, para explicar los variados estados de conciencia, no es necesario imaginar personalidades desconocidas entre sí, ya que es siempre la misma individualidad la que se manifiesta, puesto que posee en su potencia máxima, todas las memorias fraccionarías. Las diferencias que se manifiestan en el carácter de las personas sonámbulas, son debidas a las sensaciones, a las ideas, a los juicios especiales de cada una de ellas; pero siempre son construidas con el fondo común de la individualidad. Si me fuera permitido valerme de un término sacado de la química, diría que las diferentes personas sonámbulas, no son más que *estados isoméricos de la individualidad*.

La naturaleza nos ofrece ejemplos de cuanto acabamos de decir, y los casos célebres de la enferma de *Mac–Nisch*, de Félida, de la señorita R. L. de Luis V., etc., son fenómenos espontáneos que las observaciones hipnóticas explican perfectamente.

---

1. Claudio Bernard, *Les phénomènes de la vie*.
2. Claudio Bernard, *Introduction á la médecine*.
3. Claudio Bernard, *La Sciencia experimentale*, . 188.
4. Ferriere, *La matiére et l'energie*, pág. 160 y sig.
5. Littré, *Dictionaire de médecine*, article: Urine.
6. Robín, *Traité des bumeurs*, págs. 621 a 625.
7. Bourdeau, *Le problème de la mort*, pág. 302.
8. El profesor Huxley en su discurso de Belfast, el año 1874 decía lo siguiente:
    «Está fuera de duda que los movimientos que dan lugar a la sensación, dejan en el cerebro ciertas modificaciones de su substancia, respondiendo a lo que Haller denomina vestigia, rerum, y que el gran pensador Harltley denominaba vibraciúnculas. Al pasar la sensación, deja moléculas cerebrales aptas a reproducirla, moléculas sensígenas, por decirlo así, que constituyen el fundamento físico de la memoria.»
    El célebre naturalista emite aquí una simple hipótesis. Nadie ha visto jamás las moléculas sensígenas, mas en cambio vemos el periespíritu y sabemos que subsiste después de la muerte. Dicho organismo es el cerebro fluídico del espíritu, siendo lógico por consiguiente, confiarle la conservación de la memoria, con mayor motivo que a la molécula física perpetuamente cambiante.
9. Richet. *Origines et modalités de la mémoire*, Revue philosophique, Junio 1896.
10. Binet. *Les alterations de la personnalité*, pág. 237, y siguientes.
11. Ribot. *Les maladies de la mémoire*, pág. 22, y siguientes.
12. Feré. *Sensation et mouvement*, pág. 83, y siguientes.
13. Ribot. *Les maladies de la mémoire*, pág. 6, y siguientes.

6
LA EVOLUCIÓN ANÍMICA

Dispensadme, Sres., si aparentemente me he separado del asunto que tengo el honor de explanaros; más yo creo que convenía tratar con alguna extensión ciertas ideas, para conocer con mayor precisión el territorio sobre el cual nos hemos colocado.

Hemos comprobado que el alma se halla indisolublemente unida a una sustancialidad que contiene, bajo forma de movimientos, todas las adquisiciones de su vida intelectual y todo el mecanismo automático de la vida vegetativa y orgánica. Ha llegado, pues, el momento de preguntarnos, de dónde viene y cómo ha podido adquirir sus propiedades funcionales. Los filósofos espiritualistas de nuestros días se han ocupado muy poco del origen del alma, y aunque les ha interesado mucho su porvenir, no ha ocurrido lo mismo con respecto a su pasado. Parece que ambos problemas están unidos y que son iguales en misterio.

Los teólogos han puesto más celo en elaborar esta cuestión, que toma su fundamento en la base misma en que descansa el Cristianismo o sea en la transmisión del pecado original.

Sus opiniones pueden reducirse a dos principales. Así, los unos admiten que Dios, manantial único e inmediato de las almas, crea en cada concepción un alma especial para el cuerpo que se produce.

Otros pretenden que tanto las almas como los cuerpos, dimanan del primer hombre, y que se propagan de la misma manera, es decir, por generación. Esta opinión parece la del mayor número. Tertuliano, San Jerónimo, Lutero, Malebranche y Leibnitz, reconocen esta doctrina. Mi opinión no está conforme con ella, pues me parece que la razón misma rechaza la hipótesis de que el alma pueda ser engendrada, y del mismo parecer es el filósofo espiritualista y cristiano Wollastone, quien se expresa de la siguiente manera en su Esquisse de la religión naturelle. «Se debería indicar claramente, dice, lo que se entiende por un hombre que tiene la facultad de transmitir el alma, pues no es fácil comprender cómo el pensamiento puede ser engendrado de idéntica manera que las ramas de un árbol. En este supuesto, se nos habría de decir si la generación nueva viene de uno de los padres o de ambos a la vez. Si es de uno sólo, ¿cuál es? Si es de ambos, vendremos a parar en que una sola rama será siempre producida por dos troncos diferentes, de lo cual no sabemos exista ningún ejemplar en la naturaleza; y por otra parte, encontramos mucho más natural establecer esta hipótesis, tratándose de niños y plantas, que no refiriéndonos a seres inteligentes, que son substancias simples.» Si el alma no procede de los padres, es que preexiste al nacimiento, lo cual nos lleva a una conclusión obtenida por el examen de las propiedades del periespíritu; y si se admite que se puede encarnar una vez, no se puede objetar lógicamente que no se haya realizado un número indeterminado de veces. Si, por consiguiente, podemos encontrar en la naturaleza una jerarquía continua entre los seres vivos, no hay dificultad en suponer que haya recorrido todos los peldaños de la escala de Jacob.

La complejidad del organismo humano, que reasume todas las formas inferiores, no debe ilusionarnos respecto a su origen. *Natura non facit saltus*, dice Aristóteles, y los descubrimientos modernos, le han dado la razón. Nada aparece en estado completo sin haber pasado por las fases transitorias, y el espíritu humano ha seguido probablemente el mismo proceso de desarrollo continuo, el cual no tiene por objeto dotar al ser de nuevas propiedades, sino simplemente aislar, catalogar la que contiene en potencia.

Bajo el punto de vista fisiológico, mi afirmación viene apoyada por las siguientes palabras de Claudio Bernard[1]. Si consideramos, dice, a un animal colocado en la cúspide de la escala, el hombre, por ejemplo, encontraremos que posee todos los movimientos que habremos observado en los seres menos perfectos que él. Así, estará en posesión de fibras musculares y de un sistema nervioso en su completo desarrollo; pero al mismo tiempo producirá movimientos sarcódicos, y tendrá pestañas vibrátiles, que son los órganos de ciertos movimientos íntimos e inconscientes. Es, por consiguiente, permitido decir que el animal elevado, representa y reasume todos los que le preceden en la escala de las perfecciones sucesivas. Más en el fondo no es en realidad más elevado ni más perfecto, pues no posee funciones esenciales, estribando tan sólo la diferencia en que estas funciones en el animal elevado, están mejor aisladas y se manifiestan con una especie de lujo.»

Y en otro lugar añade: «El animal inferior posee todas las propiedades esenciales que se encuentran en los grados más elevados de la escala de los seres; pero dichas propiedades las posee en estado, confuso, y por decirlo así, en todas las partes de su cuerpo. El animal más elevado es simplemente aquel en el cual todas las funciones están aisladas de la mejor manera.»

«Desde el hombre hasta el mono, dice el Profesor Richet, desde el perro al pájaro, del pájaro al reptil, al pescado, al molusco, a la lombriz al ser más ínfimo colocado en los últimos límites del mundo orgánico y del mundo inanimado, no hay brusca transición. Solamente hay una degradación insensible, y de ahí que todos los seres constituyan una cadena de vida que parece interrumpida en algunas especies, porque ignoramos las formas extinguidas o desaparecidas.»

No solamente es imposible hacer del hombre un ser aparte en el reino animal, sino que ésta imposibilidad existe también tratándose de animales y vegetales, por cuyo motivo no se puede encontrar la profunda demarcación en la cual antes se creía como artículo de fe. Desde luego el sentido común discernirá al primer golpe de vista, una encina, que es una planta, de un perro, que es un animal; pero desde el instante que se trate de ir más lejos en el análisis hasta alcanzar los límites de la vida y examinar los seres más distantes de nosotros, como el perro o el lagarto, entonces ya no se observarán caracteres que sean propios del animal y que por consiguiente faltan a la planta.

En todos los seres vivos, el protoplasma es la base física de la vida. Todo lo que es organizado se halla constituido por la primera forma que reviste el protoplasma, es decir, por la célula, y la agregación de éstas, engendra los tejidos de las plantas y de los animales.

Todas las funciones vitales son semejantes destrucción y creación orgánica; digestión, respiración, sueño, sexualidad, acción de los anestésicos, todo, en una palabra, atestigua la unidad fundamental de los organismos y de las funciones, a pesar de la diversidad aparente de las formas. Del conjunto de estos hechos, los cuales abrazan todas las grandes y esenciales manifestaciones de la vida, resulta claramente que no existen dos planos de vida, el uno propio de los animales, y otro de los vegetales; sino que hay un plan único para ambos. La conclusión rigurosa y exacta de las observaciones de la fisiología general, es la unidad de la vida, tanto en los animales como en los vegetales.

Origen y filiación de las especies. — Una de las mayores conquistas de este siglo tan rico en descubrimientos grandiosos, ha sido la fijación de la teoría de la evolución, que nos permite remontarnos por medio del pensamiento hasta las lejanas épocas que se pierden en la noche de los tiempos. Sin tratar de encastillarnos en una hipótesis exclusiva, debemos admitir que los trabajos de Lamark, de Darwin, de Wallace, de Haeckel y de los sabios contemporáneos, han modificado profundamente las ideas antiguas respecto a nuestros orígenes. Nosotros no creemos en los milagros de las especies que aparecen en la tierra súbitamente, sin antecedentes. De las entrañas del globo hemos exhumado los archivos primitivos de la humanidad, y en ellos hemos aprendido que, sea el que fuere el modo empleado por la naturaleza para diversificar las formas, es una verdad que ha procedido lentamente en su selección, y que ha ido gradualmente de lo simple a lo compuesto, hasta llegar a los seres vivos que pueblan hoy la tierra.

Mi objeto no se dirige a discutir las objeciones que se han levantado contra esta teoría, bastándome señalar que, en el pasado, encontramos series continuas que nos permiten relacionarnos con las manifestaciones primordiales de la vida. En la época actual no es posible ver creaciones arbitrarias, sin enlace con las que les precedieron, pues Pasteur ha demostrado que ningún hecho conocido es explicable por la generación espontánea.

Sabemos igualmente que la conclusión última de las ciencias naturales, es que todos los seres vivos derivan unos de otros por reproducción. Por último los geólogos nos enseñan que durante los diversos periodos geológicos, no han ocurrido cataclismos generales; sino que entre dichos periodos ha existido absoluta continuidad. De la paleontología deducimos que las especies que actualmente pueblan la tierra, no existían en otras edades remotas. «Los hechos, dice Perrier[2], obligan a admitir que formas existentes en la actualidad, aunque diferentes de las antiguas, proceden de éstas por una sucesión no interrumpida de generaciones; así que el transformismo queda demostrado insensiblemente, y ni siquiera puede discutirse como sea colocándose fuera del terreno científico.» Físicamente, cada uno de nosotros procede del protoplasma primitivo, y de ello puede convencerse remontando la serie ascendente de sus progenitores, en cuya filiación no existe la menor solución de continuidad.

Todas las manifestaciones de la inteligencia activa o latente, desde los primeros reflejos primitivos hasta las más elevadas modalidades de actividad psíquica, se observa en los seres vivos con graduación creciente, y por transiciones sensibles, desde el mono hasta el hombre. La lógica nos obliga a buscar en el reino vegetal principios de la evolución anímica, pues la forma que adquieren y conservan las plantas durante toda su vida, implica la presencia de un doble periespiritual que preside a los cambios y mantiene la fijeza del tipo.

«La naturaleza, dice Vulpian[3], no ha establecido una línea de demarcación clara entre el reino vegetal y el animal. Los animales y los vegetales se continúan por una progresión insensible y con razón se les ha reunido con el nombre común de reino orgánico.»

La asimilación del periespíritu al electro–imán de polos múltiples cuyas líneas de fuerza dibujarían, no solamente la forma exterior del individuo, si que también el conjunto de todos los sistemas orgánicos, parece que ha pasado desde el dominio de la hipótesis al de la observación científica.

El día 12 de Mayo de 1898, M. Stanoiewitch presentó a la Academia de Ciencias una comunicación que contiene varios dibujos sacados del natural, en los que se demuestra que los tejidos se hallan formados en virtud de líneas de fuerza claramente visibles. Uno de ellos reproduce el aspecto de una rama de abeto con dos nudos, que desempeñan el mismo papel y producen las mismas perturbaciones que un polo eléctrico o magnético introducido en un campo de la misma naturaleza. El otro demuestra que la diferenciación se produce siguiendo las líneas de fuerza, y un tercero representa la sección de una rama de encina algunos centímetros por encima de una ramificación. En dichos dibujos se ve, hasta en sus menores detalles el aspecto de un campo electro–magnético, constituido por dos corrientes rectilíneas cruzadas de igual intensidad y dirigidas en el mismo sentido.

Estas observaciones parecen establecer la existencia de un doble fluídico vegetal, análogo que se observa en el hombre. En efecto: existe algo en los seres vivos que no se explica por las leyes físicas, químicas o mecánicas, y este algo la forma que afectan. Y no solamente las ley naturales no explican las formas de los individuos, sino que todas las observaciones nos incita a pensar, que la fuerza plástica que edifica el plan estructural y el tipo funcional de estos seres, no puede residir en el conjunto móvil, fluctuante y en perpetua inestabilidad que se denomina cuerpo físico.

Sea el que fuere el valor de estas observaciones acerca del origen del ser pensante, la serie animal nos va a enseñar el progreso continuo de todas las manifestaciones anímicas.

---

1. Bernard. *Les tissus vivants*, págs. 700, 22 y 102.
2. *Revue Scientifique*, 27 Octubre de 1987.
3. Vulpian.— *Lecons sur la systéme nerveux*, pág. 39

7
PASO DEL PRINCIPIO INTELIGENTE POR LA HILERA ANIMAL

Entre la innumerable multitud de organismos inferiores, el principio anímico no existe más que en el estado impersonal, difuso, pues el sistema nervioso no se halla todavía diferenciado; los seres son sordos, ciegos, mudos, tal como ocurre en los Zoófitos; pero desde el momento que hace su aparición en los anélidos, se empiezan a especificar las propiedades comunes, y vemos producirse las diferenciaciones por la formación de los órganos sensoriales.

A medida que el sistema nervioso adquiere más importancia, las manifestaciones instintivas que se hallaban limitadas a la adquisición de los alimentos, van diversificándose y presentan una colaboración siempre más extensa. He aquí, según Leuret, de qué modo se realiza esta progresión.

1°– Los anímales que parecen establecer una transición con la clase inferior, no manifiestan más que instintos ciegos destinados a procurarse la alimentación (anélidos; sanguijuelas)

2°– Sensaciones más desplegadas y numerosas,

ardor extremo para la generación, voracidad, crueldad ciega (crustáceos; cangrejos)

3°– Sensaciones todavía más dilatadas, construcción de un domicilio, voracidad, astucia (arácnidos; arañas)

4°– Por último, sensaciones más dilatadas, construcción de un domicilio, vida de relación, sociabilidad (insectos, hormigas, abejas)

En los vertebrados, si tomamos como base de desarrollo del sistema nervioso, y más particularmente el cerebro, como criterio de la inteligencia, se verá, según Leuret, que el encéfalo, tomado como unidad, guarda con el peso del cuerpo la siguiente proporción:

1° en los peces............ de 1 a 5668
2° en los reptiles......... de 1 a 11321
3° en las aves............. de 1 a 212
4° en los mamíferos..... de 1 a 186

Existe, por consiguiente, progresión continua del encéfalo al pasar desde una ramificación a su inmediata superior, más a condición de que las pesadas comprendan a cada grupo tomado en bloc, y no a tal o cual especie tomada por separado. Es un hecho bien demostrado que el progreso en la serie animal, tiene lugar, no en línea recta y sobre una sola línea, sino en líneas desiguales y paralelas.

Se ha dicho que el cerebro del hombre era tan desarrollado con respecto al peso de su cuerpo, que bajo este punto, ningún animal podía comparársele. Aunque semejante afirmación es cierta, no obstante, esta diferencia no es tal que baste para constituir un nuevo reino. El cerebro de un mono, de un perro de un gato, representa en su conjunto, poco más o menos, la disposición general del cerebro humano. La anatomía comparada ha demostrado perfectamente la homología de las diferentes partes que le componen. Sin entrar en detalles, basta señalar que el anatómico que ha estudiado bien el cerebro de un mono, conocerá por este hecho de un modo relativamente exacto, la anatomía del cerebro del hombre.

«Las circunvoluciones constituyen en el aparato cerebral del ser humano, dice Richet[1], el elemento que ha adquirido mayor importancia, y es sobre todo por ellas, por lo que el cerebro humano difiere del cerebro de los demás vertebrados. Sin embargo, sobre el encéfalo del perro se distingue el plan primitivo y como un esbozo de las circunvoluciones profundas y complicadas del hombre adulto. Al pasar del animal al hombre el órgano se ha perfeccionado, engrandecido, diversificado, pero ha quedado el mismo órgano.»

No nos asombraremos por consiguiente, de descubrir en los vertebrados el delineamiento de lo que será más tarde el alma humana. Desde luego no se debe esperar que se encuentre en los animales una inteligencia o sentimientos comparables a los que se observan en el hombre; pero lo que debe encontrarse en ellos, si la evolución anímica es verdad, es un germen de todas estas facultades. Y precisamente es esto lo que la experiencia confirma.

Las numerosas observaciones consagradas al estudio de las facultades animales[2], demuestran que bajo el punto de vista intelectual, se ha comprobado en ellos la atención, el juicio, la memoria, la imaginación, la abstracción, el razonamiento, un lenguaje de acción y un lenguaje de voz.

Los sentimientos pasionales vienen confirmados por el amor conyugal, el amor maternal, a veces el amor del prójimo, la simpatía, el odio, el deseo de venganza y la sensibilidad a la burla. Los sentimientos morales, muy poco desarrollados, pueden a veces observarse por medio de las manifestaciones del sentimiento de lo justo y de lo injusto, y por los remordimientos. Por último, los sentimientos sociales se comprueban en los que viven en grupos, pues se ve que se prestan mutuos servicios, y dan pruebas de existir entre ellos una verdadera fraternidad.

«Cuando los animales riñen, dice el religioso Agassiz, cuando se asocian para un objeto común, cuando se advierten mutuamente de un daño, cuando van en auxilio de alguno que está en peligro, cuando demuestran alegría o tristeza, entonces realizan movimientos de la misma naturaleza que aquellos que el hombre produce y se les conoce con el nombre de atributos morales. La gradación de las facultades morales en los animales superiores y en el hombre, es de tal manera imperceptible, que para negar a los animales un cierto sentido de responsabilidad y de conciencia, es preciso exagerar, además de la medida, la diferencia que existe entre ellos y el hombre.»[3]

Observaciones que parecen favorables a la hipótesis de la evolución amínica. — El maravilloso encadenamiento de las formas naturales, y las manifestaciones siempre más dilatadas de la inteligencia, a medida que el ser se eleve en la jerarquía de los vivos, tal vez no se considere como una prueba de que sea necesariamente un mismo principio individual el que evoluciona a través de todos los organismos. Será preciso por consiguiente, establecer la probabilidad del tránsito del alma por la serie animal, valiéndose de una prueba orgánica incontestable.

Yo creo que una de estas pruebas puede encontrarse en el hecho de que el embrión reproduce de una manera reducida, toda la evolución de su raza antepasada. Y puesto que el periespíritu es anterior y diferente del cuerpo, del cual es la idea directriz, se halla obligado a volver a pasar con rapidez en el principio de su vida fetal por la serie de organismos inferiores; y esto demuestra que el mecanismo se halla en dicho organismo fluídico. Semejante mecanismo no puede menos que haberlo adquirido por medio de las encarnaciones terrestres, excesivamente numerosas en cada uno de los reinos inferiores...

Los estudios de la moderna fisiología apenas permiten poner en duda este hecho capital. Agassiz ha formulado esta ley: que los peces de nuestros días atraviesan desde el período embrionario hasta la edad adulta, por todas las fases que recorrieron durante las épocas geológicas. Lo que es verdad para los peces, lo es igualmente para los demás vertebrados; y aún para el hombre. Todos hemos sido, en el seno materno, primeramente célula, y luego molusco, pez, reptil, cuadrúpedo y por último, hemos llegado a la humanidad.

La naturaleza ha trazado en caracteres imborrables la historia de nuestras vidas anteriores, y en sus páginas encontramos los caminos que aquélla ha seguido para desarrollar los seres. Este tránsito, que es obligatorio para los organismos más sencillos, demuestra los orígenes muy humildes del rey de la creación.

Basándonos en el criterio expuesto aquí, es preciso atribuir al periespíritu los caracteres que comúnmente se designan con el nombre de herencia específica, lo cual, por otra parte, no es más que una palabra para designar la reproducción del organismo de los progenitores en los descendientes. Siguiendo nuestra hipótesis, lo único que debe transmitirse son ciertos caracteres secundarios característicos de los padres, los que modificarían más o menos el plan general del individuo que viene a encarnarse. La fuerza vital del padre y de la madre sería el agente de estas modificaciones, realizando una acción electiva sobre las partes homólogas del periespíritu del feto. Pero esta acción no es tan poderosa que sea capaz de transformar el tipo fundamental, en el cual subsisten todas las trazas de un pasado imborrable, pues los vestigios de órganos abortados e inútiles, son una prueba elocuente de que el periespíritu conserva siempre la impresión de sus modificaciones pasadas.

Geoffroy St. Hilaire ha hecho observar que en la ballena, cuyos dientes han sido reemplazados por barbas córneas, los gérmenes de los dientes abortados se hallan ocultos en el maxilar del feto. Este mismo sabio ha comprobado el mismo fenómeno por lo que se refiere al pico de los pájaros.

Los rumiantes tienen un rodete calloso en el sitio correspondiente a los incisivos superiores, pero el germen de los dientes, existe en el feto; lo mismo ocurre con los lamantinos, los cuales se hallan desprovistos de incisivos en ambas mandíbulas, pues nutriéndose únicamente de plantas masivas; no han tenido necesidad de hacer uso de ellos, y por eso han acabado por desaparecer.

La presencia en el hombre de órganos atrofiados que ya no deben serle de utilidad, prueba que su organización se enlaza íntimamente a la del reino animal, y que es su última, y más perfecta emanación.

Si el periespíritu, antes de llegar a la humanidad, no hubiera recorrido los organismos menos adelantados, no se encontraría en nosotros un musculo superficial denominado cutáneo, o sea aquel por el cual el caballo hace vibrar su piel para apartar las moscas que le importunan.

El hábito, de llevar vestido, y en los salvajes la costumbre de endurecerse el cuerpo con arcilla, han inutilizado dicho músculo, de tal manera, que en el hombre es tan delgado, que resulta incapaz de imprimir a la piel el menor movimiento. Lo mismo ocurre con los músculos que mueven la oreja del caballo, del perro y de otros animales. Nosotros los poseemos, pero no nos sirven. Lo mismo sucede con un pequeño repliegue que está situado en el ángulo interno del ojo, el cual es un resto del tercer párpado de las aves de rapiña, que les permite mirar fijamente al sol sin bajar los ojos.

El plantar delgado, que según Carlos Martins[4], se asemeja a un hilo de algodón unido a un grueso cable de navío, no nos presta utilidad alguna; pero en el gato, en el tigre, en la pantera, etc., es tan grueso como los músculos que parten de la pantorrilla y se insertan en el talón, y de ahí que estos animales sean capaces de ejecutar prodigiosos saltos cuando se lanzan sobre la presa. El caecum no es más que la reducción del de los herbívoros, y no tan sólo no sirve de nada, sino que aún resulta dañoso, pues si un cuerpo duro se introduce en él, puede determinar una peritonitis mortal.

El reino animal por entero, vivo y fósil, nos presenta los mismos fenómenos que la evolución embrionaria del ser, quien partiendo de la célula va completando gradualmente su organización y se eleva hasta el escalón ocupado por los dos seres que le han dado origen. Esta evolución se manifiesta igualmente en la serie de los animales, cuyos restos se han conservado en las capas geológicas. Las más antiguas no contienen más que invertebrados y peces; los reptiles, los pájaros y los mamíferos, aparecen sucesivamente en orden jerárquico, y por último, el hombre corona aquí, en la tierra, esta serie ascendente que se continúa hasta las profundidades del infinito.

Reminiscencia en los animales. — Vianna de Lima, se expresa así [5]:

"La invencible repugnancia, el horror instintivo, inconsciente que todavía nos inspiran ciertos animales inofensivos, cuyo aspecto nos debería dejar cuando menos indiferentes, no puede explicarse en ciertos casos más que por la herencia o la memoria orgánica.»

Esta adquisición procede de nuestros antepasados, quienes frecuentemente habían tenido que sufrir por causa de dichos animales.

He aquí un ejemplo muy instructivo, comprobado diferentes veces por algunos observadores.

"Si en una cuadra se sitúa a los pies de los caballos la paja que sirvió en la caja de leones o tigres, experimentarán los caballos un loco terror, y tratarán de huir tan pronto como habrán sentido el olor de la paja.» Laycok ha dicho que «muchas generaciones de caballos domésticos habrán debido sucederse a partir del caballo salvaje, que debemos suponer antepasado del caballo doméstico, y que este terror de que hacemos mención, puede explicarse por los ataques de que habrán sido objeto por parte de los representantes de la raza felina.

Sin embargo; los caballos que desde numerosas generaciones han nacido en nuestras cuadras, y que no pueden tener ninguna experiencia del peligro, reconocen todavía el horror de los terribles enemigos de sus remotos ascendientes».

Aquí puede verse la facilidad con la cual los sabios atribuyen a la materia lo que depende exclusivamente del espíritu, es decir, la facultad de la memoria. De ningún modo puede ser la materia de estos caballos la que experimenta esa terrible impresión, puesto que a partir de las remotas épocas en que vivía el caballo en libertad salvaje, la materia del cuerpo físico de los progenitores ha sido renovada completamente millones de veces. Las moléculas sacadas de la alimentación, del heno, de los granos, etc., que compone la actual forma del caballo, no conocen ni el león ni el tigre, porque carecen de conciencia. ¿Cómo puede explicarse el miedo de estos animales?

Si suponemos que en el animal existe un principio intelectual, que este principio intelectual es individualizado por el periespíritu en el que se almacenan los instintos y las sensaciones, y que la memoria surge del despertar los instintos y sensaciones, entonces todo nos resulta claro y comprensible. Las mismas causas producen iguales efectos. Los animales domésticos son los seres que ya vivían antes en estado salvaje, y el olor de las fieras despierta en su envoltura fluídica especiales recuerdos que se relacionan con el sufrimiento y la muerte; de ahí el terror.

La *Revue Scientifique* del 28 Agosto de 1897, cita un interesante hecho de resurrección de instintos dormidos durante una larga serie de generaciones.— Este hecho concierne a los pájaros bengalinos del Japón.

Desde hace algunos siglos estos elegantes pájaros son objeto en dicho país de cuidados especiales. Se reproducen en pequeñas cajas, en las que sólo construyen un nido muy grosero. Este año le ocurrió al Sr. Butler, echar un puñado de gramíneas floridas a una bandada de bengalinos, y en el instante se precipitaron sobre los tallos, transportándolos uno a uno hacia un zarzal, en donde construyeron precipitadamente un nido muy bien hecho, con bóveda superior y orificio lateral, o sea el nido típico de sus antepasados en estado de libertad. «¿Cómo explicar este hecho? — pregunta el Sr. Butler. No pudiéndose explicar por la imitación el recuerdo, es preciso que los bengalinos hayan obrado por instinto hereditario.»

Yo creo que estos bengalinos conservaron en su envoltura periespiritual el instinto de nidificación, y que este se ha manifestado al presentarse una ocasión propicia. Si el alma animal no existiera, si no se encarnara un gran número de veces en la misma forma, sería del todo inexplicable que las moléculas materiales que componen un bengalino, fuesen capaces de construir un nido del todo semejante al de sus antepasados. Decir que esto se hace por herencia, es no decir nada, pues sería necesario suponer que dicho instinto se transmitió en estado latente de generación en generación, por medio de algo inmaterial que se perpetúa en los seres a pesar de su renovación incesante. La lógica pues nos autoriza a admitir que es el periespíritu quien contiene los instintos, y no la substancia inestable del organismo. Me he concretado, a concretar los dos ejemplos que preceden, pero me sería fácil multiplicarlos.

El periespíritu animal.— Sería interesante probar experimentalmente la existencia de una sustancialidad del alma animal, sea durante la vida por los desdoblamientos, ya fuera por la conservación de la forma después de la muerte. Por más que esta cuestión ha sido todavía poco estudiada, es posible reunir algunos hechos que parecen confirmar semejante manera de ver.

Dassier en su libro: *L'humanité posthume*, aporta una cita de M. de Mirville (pág. 86), la cual se refiere a un pastor cuyo doble atormentaba a Monsieur Mílange, hijo de un Consejero del parlamento. Dicho pastor iba acompañado de los fantasmas de sus grandes perros negros, y confesó que era el autor de las malas acciones jugadas a M. Milange, lo cual demuestra que estas visiones, aunque no fueron vistas por otras personas, eran, sin embargo reales.

Les phtanstams of the living, vol. II, pág. 97, cita la visión del fantasma de un caballo, de un coche de las personas que en él iban sentadas. El caballo y el carruaje fueron perfectamente reconocidos hasta el punto que los tres observadores les vieron pasar junto a la casa, y una vez allí, se oyeron algunos golpes que procedían de la puerta. Los habitantes de la casa se asomaron y no vieron a nadie. Cinco minutos después, una joven, hija de los que conducían el carruaje, se lamentaba con sus tíos porque sus padres habían pasado con el cabriolé, junto a ella, y no le habían dicho nada. A los diez minutos llegaron de improviso las personas de quienes se trataba, las que venían directamente de su casa.

Este caso no puede considerarse como telepático, puesto que la joven no estaba reunida con los observadores, y su visión fue independiente de la de éstos.

M. Dassier, cita a un labriego que a una hora muy adelantada de la noche, y al entrar en su casa, vio un rocín en un campo de avena. Al darse cuenta de un huésped tan incómodo, trató de ponerse al abrigo de sus demasías. «El labriego se aproximó al asno y lo condujo sin resistencia; pero al llegar a la puerta de la cuadra, y en el preciso momento de disponerse a abrirla, desapareció de sus manos el rocín, del mismo modo que se desvanece una sombra. Miró al rededor de sí, y nada percibió. Estremecido de espanto, entró precipitadamente en su casa y despertó a su hermano para contarle la aventura. Al día siguiente se dirigieron ambos al campo para saber si un ser tan extraordinario había causado muchos estragos, y encontraron la mies intacta. El animal misterioso parecía una avena imaginaria». La noche era bastante clara, para que el labriego pudiera ver distintamente los árboles y breñas a muchos metros del camino.

He aquí otro ejemplo citado por. M. Dessier, quien lo oyó relatar al propio interesado. «Encontrándome una tarde de guardia (es un aduanero el narrador) con uno de mis compañeros, nos apercibimos de que no lejos del lugar donde yo estaba pasaba delante de nosotros un mulo, al parecer cargado. Suponiendo que llevaba contrabando y que su conductor se había escapado al vernos, nos dirigimos en su persecución. El mulo se echó en una pradera, y después de haber dado diferentes vueltas para conseguir escaparse, entró en el pueblo. Entonces me separé del compañero, pues en tanto que éste continuaba en su persecución, yo seguí un camino transversal para atajar el paso al mulo. Viéndose éste perseguido con tanto ahínco, precipitó la carrera, y al ruido de su trote, que resonaba sobre el empedrado, muchos vecinos se despertaron. Yo llegué antes que el animal a un punto de la calle por donde debía pasar, y en el instante que le vi junto a mí, alargué la mano para cogerle por ronzal pero desapareció como una sombra, dejándonos estupefactos al compañero y a mí.»

El sitio donde semejante escena tuvo lugar un callejón sin salida, del cual no podía salir el mulo sin pasar junto al cuerpo del aduanero.

La objetividad de esta forma se halla demostrada por el ruido que hizo el mulo al correr sobre el empedrado, pues los habitantes del pueblo; platicaban al día siguiente acerca del ruido que habían oído a media noche.

En los dos casos que acaban de relatarse, se ignora si el fantasma es el de un animal vivo o muerto.

Otro hecho muy instructivo es el que refiere Monsieur Dassier a propósito del tema que venimos exponiendo. Dicho Sr. se hallaba como concurrente en una sesión de magnetismo. A la mitad de la sesión, poco más o menos otra de las personas que a ella asistían vio una araña sobre el pavimento, y la aplastó con el pie. «He aquí el espíritu de una araña, gritó en el mismo instante la sonámbula.»

¿Cuál es la forma de este espíritu? — preguntó el magnetizador. — Tiene la forma de la araña respondió la sonámbula.

La *Revue Spírite* de 1894 cita el caso de un perro que fue descrito fielmente por un vidente, y cuyo poseedor, el conde de Luvoff, recordaba la fidelidad que le conservó. Delante de estos recuerdos de amistad, el animal se agitaba con satisfacción brincaba, cual si se sintiera dichoso de percibir los testimonios de simpatía que le tributaba su antiguo dueño.

En la misma Revue correspondiente al no de Mayo de 1865, se lee que tres personas dos de las cuales se hallaban acostadas en diferente piso en la misma casa, oyeron el ordinario gemido de una pequeña perra que hacía breves días había muerto.

Una curiosa experiencia del Dr. Baraduc[6] parece establecer objetivamente la teoría del fantasma animal. Encontrándose dicho Dr. en la campiña durante el mes de Julio de 1895, tomó varias fotografías de un guarda–coto en el momento de dar de comer huevos de hormiga a dos o trescientas pequeñas perdices. Los clichés demuestran que dichas aves estaban recubierta por una parte negra de la prueba, formando una masa de alas picos en plena actividad, en tanto que una gran cantidad de pequeñas almas animales, representadas por manchas blancas, se desprendían de los huevos o de las hormigas. Semejante emanación ¿es procedente del guarda, o de las perdices? «He sacado dos clichés–dice el Dr. — mientras el guarda lanzaba puñados de polvo y huevos. Ambos son idénticos. Luego saqué dos clichés más en instante que les daba huevos de pollo cocidos y mezclados con miga de pan. En estos no se observa nada de especial, siendo la fotografía muy clara; debiendo hacer constar que a pesar de una tal diferencia, los cuatro clichés fueron obtenidos con mismo baño de iconógeno e hiposulfito, y en intervalo de un cuarto de hora. El motivo por cual no se ven las proyecciones vivas de los huevos de hormiga en los dos últimos clichés, es precisamente una confirmación de que las impresiones grabadas sobre las dos primeras placas, proceden de las hormigas en el momento de abandonar su vitalidad.»

Le Borderland del mes de Julio de 1897 contiene una fotografía espírita enviada por el Sr. Wode Cuningham, en la que se ve un espíritu fotografiado, y al mismo tiempo, la imagen de una hermosa cabeza de perro.

Anhelamos que las investigaciones futuras se realicen en este sentido, a fin de que las hipótesis acerca del origen del alma puedan salir de la incertidumbre en que todavía se encuentran.

---

1. Ch. Richet. *L'homme et l'intelligence*, pág. 402.
2. Véase. Darwin, *Origine des Espèces*, cap. VII; Romanes, *L' évolution mentale chez les animaux,* et l'Intelligence *des animaux.*
3. Agassiz, *L'espèce*, pág. 97.
4. Ch. Martins, *Introductión a la philosophie Zoológique de Lamark.*
5. Vianna de Lima. *Exposé sommaire des tbéories transsformistes*, pág. 72
6. Dr. Baraduc. *L'âme humaine ses mouvements, ses lumières.* — Explicación XXXIV, cliché XXXIV.

8
LA REENCARNACIÓN HUMANA

Recuerdos de las vidas pasadas. — Si el alma ha habitado en la tierra antes del nacimiento corporal, ¿por qué no existe en cada uno de nosotros el recuerdo de las vidas anteriores? La contestación es muy sencilla, y es, porque las condiciones que presiden a la renovación del recuerdo, no se llenan debidamente. No es necesario construir hipótesis para hacer evidente este argumento, pues basta atender sencillamente a lo que se produce en la vida habitual. Así es de observación corriente, que los sueños en general no dejan recuerdo al despertar, y que muchos periodos de nuestra existencia actual se borran también de la conciencia, que resulta imposible hacerlos revivir por medio de la voluntad. Sin embargo, estos recuerdos no se han perdido y se les puede encontrar integralmente en el sueño sonambúlico, cuando se restablece al periespíritu en las mismas condiciones dinámicas que poseía cuando tuvo lugar la percepción. M. Pitre y su escuela, los Dres. Bourru y Burot y M. Paul Janet han puesto este hecho por fuera de toda discusión, y no existe magnetizador que ignore que uno de los caracteres más constantes del sonambulismo, es el olvido al despertar. Colocado de nuevo el sujeto en el estado segundo recobra el conocimiento de cuanto ha dicho y hecho durante los demás sueños magnéticos. Existen por consiguiente, series de memorias que coexisten en el mismo sujeto y que se ignoran completa y absolutamente. En estas condiciones fácil es comprender que si es exacta la hipótesis de las vidas sucesivas, es por lo mismo generalmente imposible recordar los acontecimientos de una vida anterior, pues el movimiento vibratorio de la envoltura periespiritual unida a la materia y que es propio de esta encarnación, difiere sensiblemente del que poseía en una vida anterior, no consiguiéndose la renovación de recuerdos porque falta el mínimo de intensidad y de duración características de las vibraciones de aquella época.

Esta inmensa reserva de materia psíquica constituirá el basamento de nuestra individualidad intelectual y moral, y formará la trama de la inteligencia, más o menos rica sobre la cual borda cada vida nuevos arabescos. Mas todas estas adquisiciones no pueden manifestarse de otra manera que por medio de las tendencias primitivas que cada cual aporta al nacer y que se denominan el carácter. A partir de entonces debe existir la más perfecta inconsciencia, y esto es precisamente lo que ocurre. Pero esta regla tiene alguna excepción, pues del mismo modo que en ciertos sujetos se ha conservado el recuerdo al despertar, así también pueden encontrarse individuos que se acuerden de haber vivido. En algunos, este despertar de antiguas sensaciones tiene lugar de un modo natural.

A pesar de mi deseo en ser lo más sucinto posible,

no puedo pasar en silencio los casos relativamente numerosos que han llegado a mi conocimiento y que parecen apoyar de un modo firme la teoría de la reencarnación. Semejante creencia en una evolución continua del principio inteligente, ha sido (salvo ligeras variantes) la creencia de los pueblos de la India, de los sacerdotes egipcios, de los druidas y de una parte de los filósofos griegos. Pitágoras, desafiando la ironía de sus contemporáneos tenía costumbre de decir públicamente que se acordaba haber sido Hermotimo, Euforbio y un Argonauta.

Juliano el Apóstata se acordaba haber sido Alejandro de Macedonia. Empédocles afirma «que se acordaba haber sido varón y hembra». Pero como nada sabemos referente a las circunstancias que pudieron determinar estas afirmaciones, pasaremos a los escritores de nuestros días que relatan hechos del mismo orden.

Entre los modernos, el gran poeta Lamartine declara en su Voyage au Orient haber tenido reminiscencias muy claras. He aquí su declaración. «Yo no tenía en Judea ni Biblia, ni guía alguna para darme el nombre de los lugares y el nombre antiguo de los valles y montañas, y sin embargo; reconocí en el instante el valle de Terebinto y el campo de batalla de Saúl. Al llegar al convento los padres me confirmaron *la exactitud de mis previsiones*, hallándose mis compañeros tan asombrados, que no podían creerlo. Del mismo modo en Séfora había designado con el dedo e indicado con su propio nombre a una colina coronada por mi castillo arruinado, citándola como el sitio probable del nacimiento de la Virgen. Al día siguiente reconocí al pie de una montaña árida, la tumba de los Macabeos. Excepción hecha de los valles del Líbano, etcétera, apenas encontré en Judea un lugar o una cosa que no fuera para mí un recuerdo. ¿Hemos vivido dos veces o mil? ¿Nuestra memoria no es más que una imagen oscura que el soplo de Dios reanima?

Estas reminiscencias no pueden ser debidas al despertar de recuerdos procedentes de lecturas, pues la Biblia no hace la descripción exacta de los paisajes en que ocurren las escenas históricas, encontrándose simplemente en ella el relato de los acontecimientos. ¿Pueden atribuirse estas intuiciones tan exactas y precisas a una clarividencia manifestada durante el sueño?

No se ha demostrado que Lamartine fuera sonámbulo; pero aún admitiendo esta hipótesis, ¿cómo se lo había arreglado para conocer los nombres exactos de aquellos sitios? Si fueron los espíritus los que se lo indicaron, ¿por qué se acuerda de los paisajes y no de sus instructores invisibles?

Nosotros creemos que no debe hacerse intervenir a los espíritus, en tanto su presencia no quede demostrada.

El conde de Résie en su Histoire des sciences ocultes, tomo II, pág. 292, dice: «Hemos sido sorprendidos numerosas veces al contemplar algún lugar en diversas partes del mundo, cuyo lugar nos despertaba en el instante un recuerdo, una cosa que no nos era desconocida, a pesar de verla por primera vez.»

En el periódico *La Presse* del día 20 de Septiembre de 1868, el novelista popular Ponson du Terrail, enemigo del Espiritismo, escribía que se acordaba haber vivido en tiempo de Enrique III y Enrique IV, y que los recuerdos que tiene del gran rey, en nada se asemejan con lo que de aquél referían sus parientes. Podría citar igualmente a Teófilo Gautiery Alejandro Dumas, los cuales han afirmado en diferentes ocasiones su creencia en las vidas pasadas, basadas en recuerdos íntimos[1]; más prefiero consignar los relatos que en sí mismos llevan la prueba de su autenticidad.

En un artículo biográfico acerca Méry, que se publicó en el *Journal Literaire* del 25 Septiembre, de 1864, el autor afirma que aquel escritor creía firmemente haber vívido muchas veces; que se acordaba de las menores circunstancias de sus existencias precedentes, y que las detallaba con una fuerza de certidumbre que se imponía la convicción. «Así (decía el biógrafo), afirma haber peleado en la guerra de los Galos, y haber combatido en Germanía con Germánicos. Afirmaba reconocer ciertos sitios en los que había combatido en otras ocasiones. En dicha época se llamaba Minins.

A continuación citamos un episodio, por el que parece deducirse que estos recuerdos no son producto de la imaginación. He aquí textualmente el hecho:

«Un día de su vida presente se encontraba en Roma visitando la biblioteca del Vaticano. Le recibieron unos jóvenes novicios que llevaban traje talar obscuro y que pusieron gran empeño en hablarle en latín más puro. Méry era buen latinista en todo cuanto a se refería a la teoría y las palabras escritas, pero no había hecho ningún ensayo para hablar familiarmente la lengua de Juvenal. Al oír hablar a los Romanos de hoy día, y al admirar este magnífico idioma que también armoniza con los monumentos y costumbres de la época que estaba en uso, le pareció que un velo se desprendía de sus ojos, y que en otro tiempo había conversado con amigos que se servían de este lenguaje divino. En el instante salieron de sus labios frases irreprochables llenas de elegancia y corrección, y habló el latín con la misma facilidad que el francés. Todo esto no podía hacerse sin aprendizaje, y si no hubiera sido un mortal del tiempo de Augusto, si no hubiese atravesado este siglo de esplendores, no habría improvisado una ciencia imposible de adquirir en algunas horas.»

El autor tiene razón. Interesa distinguir cuidadosamente este hecho del que tiene lugar en algunos casos de sonambulismo y enfermedad, y que se denomina hiperestesia de la memoria. En estos especiales estados; el sujeto repite, a veces, largos recitados que oyó en el teatro o leyó en lejana época, los cuales estaban profundamente olvidados en el estado normal. Pero sostener una conversación con gran facilidad en un idioma difícil y hallándose en pleno goce de todas las facultades, supone para la pronunciación y traducción de las ideas, el funcionamiento de un mecanismo que desde mucho tiempo se halla inactivo, pero que se despierta en el momento propicio bajo el estímulo de sus esfuerzos. No se improvisa un lenguaje cuando solamente se conocen las palabras y reglas gramaticales, puesto que aun reuniendo ambas condiciones, queda la parte más difícil, o sea la de la enunciación de las ideas, la cual depende de los músculos de la laringe y de las localizaciones cerebrales, siendo preciso un largo hábito para obtenerla. Si a esta resurrección mnemónica se añaden los recuerdos precisos de los lugares antes habitados, y esta vez reconocidos, existirán grandes presunciones para poder admitir las vidas múltiples, como la explicación más lógica de estos fenómenos.

Continuaré en la, exposición de algunos casos tomados de la colección de la Revue Spírite.

El catedrático Damiani, espiritista de la primera hora, dirigió al editor de Banner of Light, de Boston, el 1o de Noviembre de 1878, una carta en contestación a ciertas polémicas suscitadas a propósito de la reencarnación, de cuyo documento extractaré el siguiente párrafo: «Séame permitido decirlo porque pienso no haber sido engañado en mis visiones espirituales. Antes de ser reencarnacionista, y cuando era tan opuesto a estas teorías, diferentes médiums desconocidos entre sí, me hablaron de mis reencarnaciones. Mucho me reí en aquella época, pues calificaba de novelas semejantes revelaciones. Pero algunos años después, cuando me hallé en posesión de la visión espiritual, cuando me vi en medio de las familias de mis existencias pasadas, revestido de las costumbres de los tiempos y pueblos que otros videntes me habían descrito, comprendo que se hace preciso ser testigo de semejantes prodigios para convencerse.»

Esta declaración me parece bastante demostrativa, pues emana de un observador incrédulo que no se hizo creyente hasta después de haber comprobado personalmente los hechos. ¿Qué causa podría dar lugar a las concordantes afirmaciones de médiums desconocidos entre sí? Si las vidas anteriores dejan trazas en nosotros, ha de ser posible que ciertos sujetos puedan leer ciertas inscripciones jeroglíficas, ciertas ruinas venerables escritas en una lengua que sólo la facultad psicométrica permite descifrar. Las descripciones de los videntes deben ser semejantes, toda vez que se apoyan en documentos positivos; de ahí probablemente esa unanimidad que el catedrático Damiani observa tanto en los demás como consigo mismo.

La *Revue Spírite* de 1860 (pág. 260), contiene la carta de un oficial de marina que se acuerda de haber vivido, y también recuerda que murió asesinado en la noche de San Bartolomé.

Las circunstancias de esta existencia se grabaron profundamente en su ser, y demuestra en el relato de los hechos que éstas reminiscencias no son debidas a un capricho de su espíritu. «Si os digo (escribe), que tenía siete años cuando soñaba, que huía y recibí en plena espalda tres puñaladas; si os digo que el saludo que se hace con las armas antes de batirse, lo hice la primera vez que tuve un florete en la mano; si os digo que cada preliminar más o menos gracioso que la educación o la civilización han introducido en el arte de matarse, me era ya conocido antes de haberme iniciado en el manejo de las armas, etc.» Esta ciencia instintiva anterior a toda educación, ha de haber sido adquirida en alguna parte. ¿En dónde se ha adquirido, si no se ha vivido más que una vez?

M. Lagrange en una carta dirigida a la Revue[2] dice que en Veracruz existe un niño de siete años llamado Julio Alfonso, a quien conoce, el cual cura por medio de la imposición de manos, o con el auxilio de remedios vegetales que prescribe. Cuando se le pregunta en dónde ha adquirido estos conocimientos, contesta, *que cuando era crecido fue médico.*

Esta facultad extraordinaria se le declaró a la edad de cuatro años, habiendo convencido con ella a muchos escépticos. Tal vez se diga que este niño es simplemente un médium; en efecto, oye los espíritus, pero sabe distinguir perfectamente lo que se le revela de aquello que saca de su propio fondo, y la certidumbre que tiene de haber sido médico en su vida anterior, es puramente innata.

M. Bouvier y cita con el Lotus Bleu el caso de M. Isaac G. Joster que tuvo una hija llamada María, la cual murió en Ill, condado de Effingham.

Algunos años más tarde tuvo una segunda niña que nació en Dakota, villa que vino a habitar después de la muerte de María. A esta segunda niña se le puso por nombre Nellie, más ella persistía obstinadamente en llamarse María, diciendo que era el verdadero nombre con el cual se la llamaba otra vez. «En un viaje que realizó en compañía de su padre, reconoció la antigua casa y muchas personas que jamás había visto, pero que la primera niña conocía muy bien. A un cuarto de hora de nuestra antigua morada (dice M. Joster) se encuentra la escuela que María frecuentaba; Nellie, que jamás la había visto, hizo de aquel local una exacta descripción, y me expresó el deseo de volverlo a ver. La conduje allí, y una vez que estuvo en la sala de estudio, se fue directamente al pupitre que había ocupado su hermana, diciendo, «He ahí el mío». Se hubiera dicho que hablaba un muerto salido de la tumba.» Esta es la expresión exacta, pues aun imaginando que dicha niña en estado de sonambulismo hubiera visto el país, nadie podía indicarle las personas que conocía María, y sin embargo Nellie, no se equivocaba designándolas exactamente.

Podría prolongar esta lista, más como me falta tiempo para discutir convenientemente, prefiero pasar a otra serie de documentos, asimismo concernientes al retorno del alma aquí en la Tierra.

Reencarnación anunciada por anticipado. — Citaré los dos hechos siguientes de M. Bouvier, excelente magnetizador y director del periódico La Paix Universelle, que se publica en Lyon.

Un sujeto al que tenía costumbre de dormir, y que puesto en sonambulismo gozaba de la facultad de ver los espíritus, le dijo un día con la mayor espontaneidad, que el alma de una religiosa deseaba hablarle. M. Bouvier le preguntó quién era, y qué deseaba. La religiosa dio su nombre, indicó el convento en que habitaba, situado en Rouen, y dijo que volvería después de su muerte, la que tendría lugar próximamente. Tanto el sujeto como el M. Bouvier ignoraban absolutamente la existencia de este establecimiento religioso, tampoco habían oído hablar nunca de él.

Algún tiempo después volvió a presentarse la misma religiosa diciendo que ya había abandonado su cuerpo terrestre, que volvería a encarnarse como hermana del sujeto; y que no viviría más de tres meses. Todos estos anuncios se realizaron con la mayor puntualidad.

Un segundo caso de encarnación fue predicho a M. Bouvier, con los detalles de que el espíritu iría a incorporarse bajo la forma femenina en una familia muy conocida del director de La Paix Universelle, dudándose mucho entre la familia de que un nuevo ser viniera a engrosar el núcleo, y sintiendo por otra parte pocos deseos de que se confirmara el vaticinio. El espíritu dijo que sería desgraciado porque no se le amaría; y efectivamente, todo se realizó, por desgracia, en las condiciones anunciadas.

La clarividencia magnética del sujeto de monsieur Bouvier no puede dar cuenta de la aparición de aquella religiosa a la que jamás conoció en la tierra, pues el ejercicio de esta facultad tiene siempre su razón de ser entre las personas unidas por algún lazo con el sujeto.

Si es posible admitir que la hermana del sujeto sea la causa indirecta de la previsión, es inexplicable la intervención de la religiosa, solamente para indicar la intención de volverse a encarnar.

En el segundo ejemplo no existe ningún lazo entre el sonámbulo y los padres del niño, pudiéndose asegurar que el autor del fenómeno fue el espíritu que se reencarnó, pues el sujeto no era espiritista, y por lo mismo, no podía autosugestionarse tocante a este punto, como tampoco podía recibir la sugestión de M.

Bouvier, que estaba muy lejos de esperar semejantes manifestaciones.

El príncipe Emilio de W., con fecha 18 diciembre de 1874, escribía a la *Revue Spírite*, desde Vevey, en Suiza, manifestando un caso relativamente interesante referente a la reencarnación. Se trataba de su segundo hijo, que tenía tres años de edad, Algún tiempo antes de su nacimiento habían anunciado los espíritus que dicho niño tenía grandes cualidades medianímicas, pues en su última existencia, que se desarrolló en Inglaterra, se ocupó en el desenvolvimiento de estos poderes, dedicándose a las prácticas de la magia y de la astrología, haciendo de ellas mal uso, por lo cual pereció miserablemente. «Hace algunas semanas (escribe el príncipe) se encontraba el niño jugando en mi despacho, cuando de pronto le oí hablar de Inglaterra, causándome esto mucha extrañeza, pues jamás le había hablado de dicho país. Le pregunté si sabía qué cosa era Inglaterra.

— Oh! si, es un país en el cual he estado mucho tiempo (me contestó). — ¿Y eras pequeño como ahora?

— No, era mayor que tú, y llevaba una gran barba.
— ¿Tú mamá y yo; estábamos contigo?
— No; pues yo tenía otro papá y otra mamá.
— ¿Y qué hacías tú?
— Jugaba mucho con el fuego, y una vez me quemé tanto que me morí.»

Podría atribuirse este ingenuo relato a una trasmisión inconsciente del pensamiento del padre; pero las respuestas del niño parece que emanan de su propia inteligencia, despertándose de súbito para desaparecer enseguida, según tiene lugar en circunstancias semejantes.

Con el fin de apoyar la teoría de la reencarnación

por medio de sólidas pruebas, los periódicos espiritistas franceses han abierto una información acerca de los fenómenos que se relacionan con este orden de ideas. A partir del primero de Enero de este año, van llegando mayor número de testimonios que no era de esperar.

En la Revue Scientifique et Morale du Spiritisme correspondiente al mes de Abril, he reproducido un informe emitido en Lyon, y según el cual, un médium predijo el nacimiento de una niña que debía presentar una cicatriz en la frente, a consecuencia de circunstancias referentes a vidas pasadas. Este vaticinio fue confirmado en todas sus partes.

El Progrés Spirite en sus números de 5 Febrero y 20 de Marzo de 1898, cita tres testimonios que ocuparían demasiado lugar para ser reproducidos íntegramente, pero que demuestran que los espíritus vuelven acá a la Tierra. No son sonámbulos los que intervinieron en estos casos, sino médiums tiptológicos o escribientes; de suerte que la clarividencia no se puede hacer intervenir en la explicación, a menos que se atribuya a los espíritus desencarnados. Pero entonces se presenta una dificultad y es la de suponer que estos seres invisibles pueden engañarnos a sabiendas para sostener un error. Mas esta conjetura la creo poco razonable cuando se dirige a espíritus que en diferentes circunstancias han dado pruebas de sus elevadas cualidades morales, prefiriendo yo admitir lo que anuncian y se realiza, que creer en un subterfugio universal e inverosímil.

Voy a tratar de un género de prueba que podrá ser muy discutido, pero que razonablemente no se puede pasar en silencio, puesto que de cada diez espiritistas que admiten la reencarnación, los cinco no han llegado a esta conclusión más que fundados en las afirmaciones de sus guías.

Espíritus que afirman haber vivido muchas veces en la Tierra.— Contra este orden de pruebas puede objetarse que todos los espíritus que se manifiestan no se acuerdan de una vida anterior a la última; pero si se quiere tomar en consideración que despertar de recuerdos antiguos se halla en conexión con cierto grado vibratorio del periespíritu, que éste va ligado al desarrollo de la espiritualidad del ser, se comprenderá fácilmente que mayor parte de hombres desencarnados, siendo moralidad inferior, poseen un periespíritu grosero, y por consiguiente, no pueden resucitar en su vida anterior el panorama de sus existencia pasadas. Pero del mismo modo que en ciertos sujetos sonambúlico se puede renovarles íntegramente el recuerdo, así también los espíritus superiores, que poseen un poder magnético proporcional a su grado de evolución moral, tienen la potencia suficiente para resucitar, siempre que sea necesario, los recuerdos latentes.

Me limitaré a citar un ejemplo de este género sacado de la Revue Spírite de 1866 (pág. 175 y siguientes), pues en él parece que se confirma la opinión emitida más arriba. Se trata del espíritu de un médico muy apreciado, que se llamaba Dr. Cailleux por intermediario del médium Morin, que tan pronto como fue saliendo del largo período de perturbación, se encontró un día en un estado semejante al de un sueño lúcido. He aquí sus palabras:

«Cuando mi espíritu hubo quedado en una especie de entorpecimiento, es porque me hallaba en cierto modo magnetizado por el fluido de mis amigos espirituales, y de ello resultaba una satisfacción moral que, según ellos decían, era mí recompensa, y me prestaba fuerzas para seguir hacia adelante en el camino que se había trazado mí espíritu desde buen número de existencias. Me hallaba por consiguiente, dormido en un sueño magnético — espiritual, y en este sueño vi formarse el pasado como en un presente ficticio, reconociendo mis individualidades que habían desaparecido con el tiempo, o mejor, que no habían sido más que un solo individuo. He visto a un ser del modo como empezaba una obra médica; más tarde, otro continuaba la tarea interrumpida por la desencarnación del anterior. En menos tiempo del que es preciso para contarlo, he visto formare, engrandecerse y convertirse en ciencia, lo que en un principio sólo eran ensayos de un cerebro ocupado en estudios para el alivio de la humanidad. He visto todo esto, y al llegar al último de los seres que sucesivamente habían aportado su parte a la obra entonces me reconocí. El todo se desvaneció y quedó convertido en el espíritu, todavía atrasado, de vuestro pobre doctor.»

¿Podrá verse en este relato una alucinación espiritual del alma del Dr. Cailleux? Aunque esto es posible, no es probable; pues los espíritus adelantados jamás engañan, según ocurre aquí entre las personas honradas.

En este ejemplo no se trata de experiencias, ni de investigaciones intentadas por sus guías, reduciéndose todo a enseñar al espíritu su pasado por una introspección que le permite hojear conscientemente las capas profundas de su ser. Si se reflexiona que esta comunicación fue obtenida hace 32 años, cuando precisamente se ignoraba aún el medio de producir la resurrección de los recuerdos por medio del hipnotismo o del magnetismo, tal vez se vea en este hecho una favorable analogía con la creencia en las vidas sucesivas.

1. Ver Le Spiritisme á Lyon no 40. Les pionniers de la lumiére. El mismo periódico, en su número 72, cita un artículo de la Gazette de París del 19 Abril 1872, conteniendo Une conversatión entre Alejandro Dumas y Méry, en la que ambos afirman haber vivido muchas veces.
2. *Revue Spírite*, año 1880, pág. 361

CONCLUSIÓN

Señores: He procurado demostrar en este trabajo, excesivamente corto que:

1° El ser vivo en realidad, no es más que una forma por la cual pasa la materia.

2° Que la conservación de esta forma es debida al principio inteligente revestido de cierta sustancialidad.

3° Que tanto en el hombre como en el animal, esta forma se conserva hasta después de la muerte.

4° Que las modificaciones moleculares de esta envoltura, son indestructibles.

5° Que la repetición de los mismos actos, tanto físico como intelectuales, tiene por objeto hacerlos más fáciles, más habituales, más reflejos, es decir, automáticos e inconscientes (los instintos no son otra cosa que hábitos, millones de veces seculares).

6° Que la serie de seres orgánicos es físicamente continua, tanto actualmente como en el pasado.

7° Que las manifestaciones del instinto, y más tarde de la inteligencia, en todos los seres vivos, son graduales en su conjunto e íntimamente ligadas al desarrollo de los organismos.

8° Que el hombre reasume y sintetiza todas las modalidades anatómicas e intelectuales que han tenido lugar sobre la Tierra.

9° Que los hechos de observación establecen la reminiscencia de estados anteriores en los animales, y el recuerdo de precedentes vidas en el hombre.

10° Por último, que ciertos espíritus predicen su retorno aquí a la Tierra, mientras que otros afirman las vidas sucesivas.

Habría podido hacer también una enumeración de los prodigios realizados por algunos seres en edad tierna, y que revelan facultades tan superiores, que dejan estupefactos hasta a los hombres de talento. Un Miguel Ángel o un Salvador Rosa, se revelan de improviso con talentos improvisados; Sebastián Bach o Mozart, componiendo o ejecutando sonatas, cuando los niños de su edad conocen apenas los primeros rudimentos de la música; Pico de la Mirándola o Pascal, dando pruebas de un genio que no podían haber adquirido en su última existencia, y por último, Barratier, muriendo a los 19 años y dejando obras que atestiguan una enciclopedia de conocimientos, son hechos que por lo demás entran en la cuestión más general de la desigualdad intelectual de los hombres que aparecen sobre la Tierra.

Sabemos con certeza que el alma no es engendrada por el cuerpo; que la herencia es completamente extraña a estas diferencias profundas que separan a un Víctor Hugo o a un Pasteur de los míseros representantes de la humanidad que vegetan en una bestialidad intensa, tales como los Botocudos, los Aetas o los Jueguianos. Y aun sin necesidad de presentar semejantes extremos, ¿no vemos en los hermanos educados en idénticas condiciones, presentar disposiciones innatas radicalmente opuestas?

Todos estos problemas son insolubles no admitiendo la teoría de las vidas sucesivas, pues ni la ciencia, ni las religiones, ni las filosofías espiritualistas han podido dar una explicación razonable de estas anomalías. Me hallo muy lejos de creer que los hechos que he reunido sean lo suficiente numerosos y concluyentes para determinar una convicción verdaderamente científica, porque estoy persuadido de que son el esbozo imperfecto de la demostración experimental de nuestros orígenes. Apenas nos hallamos en los primeros balbuceos de la psicología experimental, de esa ciencia que estudiará el alma bajo todas sus modalidades terrestres y supraterrestres, así en su pasado como en su porvenir.

Se concibe la extrema reserva con que se deben hacer las conclusiones, y aunque se hallen todavía mal explorados los dominios recorridos por el espíritu en su evolución, no son totalmente desconocidos, y el porvenir, rectificando los puntos tal vez prematuros o incompletos que formulamos, confirmará en su conjunto esta teoría, que lógicamente ya puede exponerse, basándose únicamente en los fenómenos de observación.

No ignoro las críticas que se han hecho a la teoría de la evolución; pero los descubrimientos de cada día vienen a afirmarla más y más, y si la completamos por el paso del alma a través de todas estas formas graduadas que componen el conjunto de seres vivos, atribuyendo a aquélla entidad lo que el sabio quiera enlazar con el cuerpo, podremos decir con Herbet Spencer[1], «el cerebro humano (y periespiritual, decimos nosotros) es un registro organizado de experiencias infinitamente numerosas durante la evolución de la vida, o todavía mejor, durante la serie de organismos que ha atravesado para llegar al organismo humano. Los esfuerzos de las experiencias más uniformes y frecuentes han sido heredados (nosotros diremos, aportados), agregándoles capital e intereses, alcanzando este alto grado de inteligencia que es el cerebro del niño. Este, en su vida ulterior, la ejerce aumentando posiblemente la fuerza o la complejidad, y la trasmite (o vuelve a aparecer) con pequeñas adiciones en las generaciones futuras. Así sucede que un Europeo hereda veinte o treinta pulgadas cúbicas de cerebro más que el Papú, ocurriendo por lo mismo, que ciertas facultades, como las de la música p. e., que apenas existen en algunas razas inferiores, se hacen congénitas en las razas superiores, y de la raza salvaje que apenas sabe contar el número de sus dedos, sale a la larga un Newton o un Shakespeare.»

Esta evolución intelectual ha sido mostrada por los filósofos, quienes obligados por la lógica, han debido reconocer en todos los seres una cadena cuyos anillos son imposibles de romper. Lo que fue una simple intuición filosófica en los grandes pensadores, tales como Carlos Bonet, Dupont de Nemours, Ballanche, Constant Savy, Esquirós, Juan Reynaud, Pezzani y Flammarión, resulta con el Espiritismo una verdad demostrada experimentalmente.

Tenemos plena conciencia de la magnitud de esta concepción palingenésica que sustituye a la acción milagrosa de la antigua creencia deísta: la ley del progreso cumpliéndose bajo la impulsión de la Inteligencia Infinita, y utilizando los factores irresistibles que se denominan espacio y tiempo.

La astronomía, la geología y la paleontología, al exhumar las cenizas del pasado, nos han descorrido el velo de sus arcanos. Sabemos que la multitud de siglos que han precedido a la humanidad, tenían por objeto llegar a la criatura inteligente, libre y responsable, que es el hombre, puesto que aparece como el coronamiento de esta larga marcha progresiva. Sabemos que no está condenado para habitar siempre esta morada terrestre, sino que en el día de mañana estará en condiciones de residir en otro mundo entre los infinitos que existen en el universo, pues como dijo Jesús: «en la casa de mi Padre hay muchas moradas». Nosotros creemos firmemente que la inmortalidad se halla ante nosotros, y la inmensidad de esta palabra nos facilita la comprensión del por qué el tiempo pasado no representa más que una cantidad infinitesimal enfrente de nuestro insondable porvenir. La Tierra es el nido que debemos abandonar cuando habremos conquistado las alas, o para hablar sin metáfora, cuando nos encontremos suficientemente desprendidos de estas mantillas terrestres que son nuestros instintos, nuestros vicios y nuestras malas pasiones.

Es un hecho de experiencia espírita que los espíritus atrasados no pueden abandonar nuestra atmósfera; pero es evidente que podrán hacerlo el día que ya los réprobos no existan. Todos están destinados por la Suprema Justicia a la dicha final para la cual son creados.

Al terminar, permitidme Sres., emitir mi deseo de que esta importante cuestión de las vidas sucesivas, tan grande en consecuencias, sea estudiada imparcialmente en todos los centros espiritistas, a fin de que la unificación de la enseñanza espírita pueda realizarse en todo el mundo.

Nuestras divergencias doctrinales son secundarias, ya que jamás podrán atentar a los sentimientos de profunda estima y fraternal benevolencia que los espiritistas franceses e italianos, sienten por todos los partidarios de nuestra causa.

Unamos por consiguiente, nuestros esfuerzos, sin preocuparnos por las fronteras, a fin de colaborar en la obra de manumisión intelectual de nuestros hermanos terrestres. Hagamos penetrar en todos los corazones la consoladora certeza de la inmortalidad; probemos que los seres que hemos amado, no han muerto, y que pueden manifestarnos todavía su ternura. Divulguemos esta noble doctrina de redención social, y el siglo XX verá lucir la aurora de la nueva era, o sea la de una humanidad regenerada, que ha encontrado la dicha en el ejercicio de la justicia, de la concordia, de la fraternidad y del amor.

---

1. Herbert Spencer. *Principles of psychology*, 2a edición, pág. 208 y sig. - Ribot. *Essais sur la psycholgie anglaise contemporaine*, págs. 310 y 312.

Copyright © 2022 por FV Éditions
Portada : Canda.com, FV Ed.
ISBN Ebook : 979-10-299-1419-5
ISBN Tapa Blanda : 979-10-299-1420-1
Todos Los Derechos Reservados

www.ingramcontent.com/pod-product-compliance
Lightning Source LLC
LaVergne TN
LVHW030344070526
838199LV00067B/6440